와인 인문학

프랑스 편 1

〈프로방스·론·샹파뉴·옥시타니〉

France 1
와인 인문학

배영달

lightit

INTRODUCTION
머리말

TGV나 자동차를 타고 프랑스를 여행하면 끝없이 펼쳐진 밀밭의 지평선을 보게 되고 포도밭의 지평선과도 맞닥뜨린다. 영국의 여행 작가 아서 영은 『프랑스 여행기』에서 이 엄청나게 넓은 땅이 큰 가치를 지니게 된 것은 '기후가 주는 우월성' 덕분이라고 했다. 그리고 척박한 자갈 많은 모래땅과 경사지까지도 이용하는 프랑스인의 지혜를 높이 평가했다.

그리스와 로마의 문명이 프랑스에 포도재배를 전파했지만 근대적 와인의 시대부터는 프랑스가 유럽의 와인 문화를 이끌어 왔다. 이는 아서 영이 말한 것과 무관해 보이지 않는다.

와인은 오랫동안 인간의 삶과 문화 그리고 역사에 깊이 스며들었다. "프랑스에서는 포도나무와 와인의 역사가 민족의 역사를 더 또렷이 해 준다"고 역사 지리학자 로제 디옹은 말했다. 프랑스 공화정 시절의 달력에는 제1달이 '포도달'로 되어 있는데, 이는 프랑스인의 삶은 곧 '와인과 함께'라는 의미가 아닐까.

부르고뉴의 문화와 예술을 절정에 이르게 한 공작 필립 3세는 스스로 "기독교 세계의 최고 와인을 생산하는 군주"임을 자랑스럽게 여겼다. 이탈리아 르네상스 문화를 받아들여 루브르 박물관을 짓게 한 프랑수아 1세는 샹파뉴의 아이 와인에 특혜를 주었고, 농업을 장려한 앙리 4세는 자신을 '좋은 와인과 맛있는 빵의 군주'라고 말했다. 지독한 와인 애호가인 루이 14세는 예술가에게 창작을 독려하면서 사명감을 갖도록 했고, 그의 재무장관 콜베르는 '문화의 경제화'를 주장했다.

이들 모두는 와인을 포함한 문화와 예술을 보호하고 장려하는 것이 국가의 부를 창출하는 원천이라고 믿었다.

오늘날 프랑스는 역사와 문화 예술, 건축과 회화, 와인과 음식, 매력적인 자연 경관과 강렬한 햇빛으로 손꼽히는 나라이다. 움베르토 에코의 표현을 빌리면 프랑스 여행은 항상 하나의 프랑스가 아닌, 여러 프랑스를 발견하는 여정으로 여겨진다. 여행은 공간과 장소를 발견하고 탐구하는 창조적인 활동이다. 그래서 안도 다다오는 "여행은 예술 창조의 영감을 주는 무한한 공간"이라고 말하지 않았던가.

나는 프랑스 문화를 공부하면서 프랑스에 갈 때마다 가보지 않은 지방이나 장소를 찾아 여행해 왔다. 프랑스는 누벨 아키텐, 옥시타니, 프로방스 알프 코트다쥐르, 론 알프, 부르고뉴, 샹파뉴, 알자스 로렌 등 각 지방마다 제각기 다른 역사와 문화를 갖고 있다. 이 지방들은 대부분 와인과 와인 산지와 연결되어 있어 더욱 매력적이었다.

문화와 예술을 사랑하는 프랑스인은 자국의 첫 번째 이미지가 와인이라고 생각한다. 프랑스인에게 와인은 문화·정신·역사의 근본 요소이자 일상생활의 필수품이다. 연인, 친구, 가족, 파티, 모임 등 서로 마음을 주고받는 곳에는 언제나 와인이 그들 사이에 놓인다. 프랑스인에게 "와인 없는 식사는 태양 없는 낮과 같다"는 루이 파스퇴르의 말을 이해하게 된다.

유명한 작가 시도니 가브리엘 콜레트는 "와인은 품질과 테루아에 따라 일종의 필수품이자 사치품이면서, 미식의 영예이다"라는 표현도 했다. 프랑스에서는 해마다 프랑스 미식 문화의 대명사인 『미슐랭 가이드』와 올해의 와인을 평가하는 두꺼운 사전 같은 책 『아세트 와인 가이드』가 출간된다.

이렇듯 문화와 예술 속에서 그리고 역사 속에서, 와인은 프랑스인의 삶과 정신에 깊숙이 자리 잡고 있다.

나는 여러 해에 걸쳐 프랑스·이탈리아·스페인·미국의 주요 와인 지역을 여행하면서 와인 문화를 공부해 왔다. 2021년 『와인 인문학 이탈리아 편』을 출간했고, 앞으로 『와인 인문학 스페인 편』도 쓰려고 한다. 이 책은 와인에 관심 있는 일반 독자와 와인 관계자에게도 프랑스 와인과 연결된 역사·문화 예술을 이해하는 데 조그만 도움이 되리라 여겨진다.

2024년 3월

배 영 달

CONTENTS
목차

머리말 .4

프랑스 지도 .12

Provence

chapter 01. 프로방스 알프 코트다쥐르 .14

1. 햇빛과 색의 프로방스 .16
2. 프랑스 최초의 포도재배지, 마르세유 .30
3. 테루아 .48
4. 프로방스의 보석 카시스와 와인 .50
5. 카시스의 작은 제국, 도멘 뒤 파테르넬 .56
6. 방돌, 매혹적인 빛깔 로제 와인 .60
7. 엑상프로방스, 르네 왕과 뮈스카 포도나무, 세잔 .68
8. 와인·예술·건축이 어우러진 샤토 라코스트 .80
9. 포도밭 속의 뤼베롱 마을 메네르브와 예술가들 .102
10. 레보 드 프로방스, 예술가와 '빛의 채석장' .118
11. 아를의 반 고흐와 루마 아를 .124
12. 예술가들이 사랑한 니스와 벨레 와인 .136

Rhône

chapter 02. 론	.148
13. 아비뇽과 샤토뇌프 뒤 파프 와인	.150
14. '사람의 믿음', '불꽃의 와인' 지공다스	.162
15. 코트 로티와 에르미타주	.170
16. 코트 로티와 도멘 기갈 앙퓌	.176
17. 콩드리외, 프랑스 최고의 화이트 와인	.182
18. 에르미타주와 엠 샤푸티에 와인	.188

Champagne

chapter 03. 샹파뉴	.196
19. 샹파뉴 명칭과 샹파뉴 와인	.198
20. 샴페인을 터뜨리자!	.204
21. 그림 속의 샴페인	.212
22. 샴페인의 도시 랭스, 노트르담 대성당과 예술가들	.216
23. 앙리 4세와 아이 와인, 볼랭제 샴페인	.228
24. 등대가 있는 아름다운 샹파뉴 마을 베르즈네	.236
25. 환대와 화려함의 '모엣 샹동'	.242
26. 돔 페리뇽과 예술가들의 컬래버레이션	.256
27. 노란색 레이블로 유명한 뵈브 클리코 샴페인	.264

Occitanie

chapter 04. 옥시타니	.276
28. 자연을 담은 옥시타니 와인	.278
29. 음유시인과 로망스	.282
30. 미디 운하와 랑그독 와인	.288
31. 라클라프 산의 샤토 페슈 르동	.294
32. 아름다운 도시 베지에 이야기	.298
33. 베지에의 도멘 드 바셀르리	.310

참고문헌	.318

프랑스 지도
map of France

				네덜란드		
영국				벨기에		독일

오 드 프랑스

노르망디   일 드 프랑스   샹파뉴 아르덴   로렌   알자스

브르타뉴

페이 드 라 루아르   상트르   부르고뉴   프랑슈 콩테   스위스

푸아투 샤랑트   리무쟁

대서양   오베르뉴 론 알프   이탈리아

누벨 아키텐

옥시타니   프로방스 알프 코트다쥐르

코르시카

스페인   지중해

Provence

chapter 01.

Provence-
Alpes-
Côte d'Azur
프로방스 알프 코트다쥐르

―――

"우리에게 이 장소는 우리의 빵보다 가치가 있다.
왜냐하면 그 장소는 다른 것으로 대체될 수 없는 것이기에." - 르네 샤르

1 one

햇빛과 색의 프로방스

프로방스 알프 코트다쥐르 지도
map of Provence-Alpes-Côte d'Azur

〈작은 나나 보아〉
니키 드 생팔

    우리는 프랑스의 '프로방스 *Provence*'라는 말을 익히 들어왔다. 프로방스는 본래 지역 이름인데, 요즘에는 '사람들이 자유로워지는 장소'의 이미지로 먼저 떠올리는 것 같다.

    바쁜 일상을 살아가는 현대인은 프로방스의 문화와 시골생활의 환경 속에서 저절로 자유로워지는가 보다. 아름다운 자연의 풍경, 역사적인 문화유산, 훌륭한 와인, 풍성한 음식 같은 이런 요소가 프로방스의 매력이다.

    고대 그리스인과 로마인들은 프로방스의 풍경에 매료되어 이곳에 식민 도시들을 세웠고, 기념비적 건축물과 함께 문화예술을 꽃피웠다. 이렇게 오랜 역사에 걸쳐 존속해 온 프로방스는 현대인이 가장 가보고 싶은 곳, 그 먼 옛날의 그들처럼 사랑하고 꿈꾸고 싶은 곳이 되고 있다.

프로방스 알프 코트다쥐르는 마르세유·엑스·아를·아비뇽·오랑주·생트로페·칸·앙티브·니스·망통 등의 도시들이 속해 있고, 프랑스의 남동쪽에 있다. 서쪽으로는 고흐가 사랑한 론 강이, 남쪽으로는 강렬한 햇빛으로 반짝이는 지중해가 펼쳐진다. 북쪽으로는 라벤더·포도나무·올리브나무와 숲으로 이어지고, 동쪽으로는 과일나무 가득한 알프스 산맥이 이탈리아와 경계를 이루고 있다.

니스

프랑스 철학자이자 작가인 장 그르니에(Jean Grenier, 1898~1971)는 『지중해의 영감』 서문에서 이렇게 말했다. "누구나 행복해지는 곳, 산다는 단순한 즐거움을 넘어 황홀함 같은 기쁨을 느끼게 되는 풍경들이 있다." 그르니에의 이런 표현처럼, 프로방스는 지상의 행복과 기쁨을 보증하는 풍경인 듯하다. 햇빛과 색과 향기로 가득해서 터질 듯한 프로방스를 좋아한다면, 우리는 그곳에서 해방되는 감정으로 들뜨지 않을 수 없을 것이다.

앙티브, 건너편 저 멀리 니스 해변이 보인다

프로방스의 감성을 시로 표현하여 1904년 노벨문학상을 받은 프레데릭 미스트랄(Frédéric Mistral, 1830~1914)이 프로방스를 '태양의 제국'이라고 묘사했듯이, 프로방스를 프로방스답게 만드는 것은 무엇보다 햇빛이 아닐까.

〈프로방스의 풍경〉
Raoul Dufy

현대미술의 아버지라 불리는 프로방스의 화가 폴 세잔(Paul Cézanne, 1839~1906)이 캔버스에 시시각각 햇빛의 색을 담아내듯이, 빈센트 반 고흐(Vincent van Gogh, 1853~1890)도 친구 폴 고갱(Paul Gauguin, 1848~1903)에게 보내는 편지에서 햇빛이 만들어내는 색에 대해 이렇게 말했다. "아를에서는 붉은색과 초록색, 푸른색과 오렌지색, 진노란색과 연보라색의 아름다운 대비를 자연 속에서 발견할 수 있다." 강렬한 태양으로 메마른 땅, 변함없이 녹색의 작은 잎사귀를 달고 있는 단단하고 강인한 올리브나무, 평원에 드문드문 오직 하늘을 향한 사이프러스, 들판에 펼쳐진 보랏빛 라벤더, 언덕을 뒤덮은 초록색 잎으로 가득한 포도밭.

그리고 한겨울엔 하늘에 떠 있는 구름 한 점까지도 베어 없애버릴 것 같은 차갑고 매서운 북서풍 미스트랄이 불 때도 '따뜻한 겨울'인양 투명하고 따사로운 햇빛, 그 다음으로 찾아드는 봄의 포근한 햇빛과 여름의 강렬한 햇빛. 이 모두가 프로방스의 자산이다.

생레미 드 프로방스의 올리브 나무

프랑스 인상파 화가 클로드 모네(Claude Monet, 1840~1926)는 1888년 1월에서 4월까지 프로방스에 머무는 동안 겨울의 차가운 미스트랄과 봄의 포근함을 그리기도 했다.

〈미스트랄〉
Claude Monet

〈앙티브의 아침〉
Claude Monet

모네가 앙티브에서 아내 알리스 오슈데에게 보낸 편지에서도 알 수 있다.

"여기가 얼마나 아름다운지… 핑크빛과 푸른색이 어찌나 투명하고 순수한지 붓을 조금만 잘못 누르면 이 느낌이 사라질 것 같아."

프로방스의 시인 르네 샤르(René Char, 1907~1988)는 프로방스의 소중함을 이렇게도 표현했다. "우리에게 이 장소는 우리의 빵보다 가치가 있다. 왜냐하면 그 장소는 다른 것으로 대체될 수 없는 것이기에."

이렇듯 프로방스는 우리가 거부할 수 없는 매력을 지니고 있는 것 같다.

흔히 프로방스 중에서 가장 프로방스다운 곳은 뤼베롱 *Luberon*이라고 한다. 엑상프로방스에서 북쪽으로 약 60km 떨어진 뤼베롱 언덕에는 붉은 갈색의 마을들이 점점이 흩어져 있다.

미국의 여행 작가 마르시아 드상티스(Marcia DeSanctis, 1960~)는 프랑스를 누비고 수년간 현지에 머물며 그 매력을 전했는데, 그에게 가장 강렬한 인상을 남긴 곳이 7월의 황금빛 햇살이 가득한 뤼베롱이었다고 한다.

영국 작가 피터 메일(Peter Mayle, 1939~2018)도 아내와 함께 프로방스를 여행하다 매혹적인 아름다움에 사로잡혀 프로방스에 살아보기로 했다. 뤼베롱에서 시작된 이들의 소소한 생활을 담은 책 『프로방스에서의 1년 *A year in Provence*』은 출간되자마자 큰 반향을 일으켰다. 1989년 피터 메일이 쓴 이 작품은 '프로방스 여행 붐'을 불러일으키면서 베스트셀러가 되었다.

피터 메일이 농가와 함께 사들인 땅에는 대부분 포도나무가 심어져 있었다. 농가 지하실에는 와인 저장고가 있었고, 농가의 벽은 미스트랄을 견딜 수 있게 지어졌다. 창밖으로는 뤼베롱 산까지 이어진 들판과 포도밭이 보였다. 피터 메일은 종종 프로방스의 포도밭을 찾아다니며 그곳의 와인을 맛보았고, 올리브유를 사러 이리저리 돌아다니면서 프로방스 생활을 즐겼다고 한다.

그리고 프로방스를 얘기할 때 빼놓을 수 없는 작가 알퐁스 도데(Alphonse Daudet, 1840~1897)가 있다. 순수한 사랑 이야기를 담은 단편소설 『별』의 아름다운 배경도 프로방스의 뤼베롱이다. 도데가 성장한 아름다운 고향 프로방스의 느낌이 그대로 담겨 있다. 뤼베롱 산, 에스테렐 선녀, 소르그 강을 모두 말하며, 노새의 방울소리, 붉은 모자, 푸른 들판, 아가씨의 장밋빛 볼, 꽃 리본, 별, 온통 색감으로 알록달록 문장을 색칠하며 프로방스의 청량감과 예쁜 사랑을 전한다.

뤼베롱 풍경

이처럼 프로방스는 예술가들이 사랑하고 머물 수밖에 없는 곳이다.

인간은 각자의 삶에서 행복을 찾고자 한다. 프랑스 철학자이자 인류학자인 피에르 상소(Pierre Sansot, 1928~2005)는 그 가운데 하나가 느리게 사는 지혜라고 말한다. 그는 〈와인 한 잔의 지혜〉에서 이렇게 강조한다. "인간과 장소와 계절이 섬세하고도 은밀하게 감동적인 조화를 이뤘을 때 시정詩情이 태어나는 것이라면, 와인을 마시는 행위 자체가 시적인 행위임을 인정하지 않을 수 없으리라. 와인은 지혜의 학교이다."

일찍이 프로방스에 매료되어 정착한 많은 예술가들이 즐거움과 행복을 발견했듯이, 바쁜 일상을 살아가는 현대인이 프로방스에서 느리게 사는 지혜를 발견하는 것은 어떨까. 포도·올리브를 재배하는 농장이 딸려 있는 농가를 방문하여 지역에서 생산되는 와인을 마시고 자연과 문화를 잠시 즐겨보는 것도 좋을 것 같다.

봄과 여름 사이에 프로방스에서 포도나무와 올리브나무 사이를 거닐면 초록색과 은빛이 펼쳐지는 풍광을 볼 수 있다. 강렬한 햇빛이 만들어 놓은 자연의 여유로운 풍성함, 초록의 들판과 언덕의 평화로운 풍경, 석회암이나 화강암의 투박하지만 다정할 것만 같은 바위.. 이들을 사랑한 예술가들의 감정을 이입해 본다.

2 two

프랑스 최초의 포도재배지, 마르세유

프랑스에서 포도재배는 기원전 600년경 그리스인들이 마살리아 *Massalia*(지금의 마르세유)를 건설하면서 시작되었다. 이때의 그리스인들은 이오니아 지역의 포카이아인들이었다. 그들은 비옥한 마르세유 해안 주변 지역에 포도나무와 올리브나무를 심었다.

지중해의 상업적 요충지인 마르세유에 포도재배가 점차 확산되면서 자연스럽게 와인은 주요 수출품이 되었다. 그들은 자신들의 땅에서 생산한 와인뿐만 아니라 그리스와 에트루리아(이탈리아 중부)에서 수입한 와인도 갈리아(옛 프랑스)의 먼 지역까지 수출했다.

노트르담 드 라가르드 대성당에서 내려다본 지중해와 마르세유 항구

기원전 6세기 말에 마르세유 와인은 프로방스와 랑그독(프로방스 서쪽)에 퍼져나갔다. 그리고 론 *Rhône* 강을 거슬러 올라갔으며 심지어 지금의 독일 남부에까지 도달했다. 5세기에 걸쳐 마르세유 항구를 통해 그리스와 로마 상인, 그리고 갈리아 상인도 갈리아의 서쪽과 북쪽으로 '마살리에트*Massaliète*'라는 밑이 뾰족한 유형의 암포라 *amphora*(와인 항아리)를 만들어 와인을 운송했다.

유럽지중해문명박물관에 전시된 암포라

이 상업적 유통은 항해가 가능한 강과 새로 닦아놓은 로마 도로 덕분에 가능해졌다. 갈리아인들은 마르세유 와인을 맛보자마자 열광하게 되었고, 마르세유의 그리스인들은 이를 상업적으로 이용했다. 심지어 다른 곳에서 수입한 와인까지도 마르세유 와인으로 둔갑시켜 수출했다. 이로써 마르세유는 지중해 세계에서 가장 큰 미개척 시장이었던 갈리아와의 무역 독점을 통해 엄청난 부를 축적했다.

마르세유 옛 항구, 노트르담 드 라가르드 대성당과 부야베스 전문 레스토랑이 많은 생트 거리가 정면에 보인다

네로 황제의 총애를 받았던 고대 로마 작가 페트로니우스(Petronius, 20~66)가 1세기경에 쓴 풍자소설 『사티리콘』에는 연회 장면에 마르세유 와인이 나온다. 마르세유 와인은 당시 로마에서도 인기를 얻었다고 여겨진다.

그 당시 실제로 포도재배지는 몇 군데 밖에 없었다. 마르세유 이외에 포도재배는 지중해 연안의 카시스와 방돌 같은 극소수의 장소에서만 이뤄졌다.

그리스의 존재는 남프랑스 문명의 역사에서 중요했다. 그리스인들은 남프랑스의 풍경과 경제적 가치에 매료되어 식민도시 마르세유 뿐만 아니라 니스·앙티브를 건설하여 흩어져 살았다. 그들은 마르세유에 광장·경기장·극장·아크로폴리스(성채)·성벽을 지었다. 그들은 쌍둥이 남매 아폴론과 아르테미스를 위한 두 개의 신전도 지었다. 마르세유는 경제·해양·문화의 도시로 발전하여 지중해 서부의 중심지가 되었다. 이런 과정에서 프로방스 지방에 포도나무·올리브나무·삼나무·무화과·석류 등이 유입되었고, 오늘날 프로방스의 풍물도 그리스의 영향을 많이 받았다. 프로방스의 장미 역시 페르시아의 장미를 들여온 그리스 상인 덕분이라고 한다. 그리스 문화는 프로방스 지방에 서서히 퍼져나갔다.

마르세유는 지역 산물인 와인·도자기·농산물뿐만 아니라 지중해 동부의 와인·올리브유 등도 항구를 통해 유통시키면서 더욱 발전했다. 꾸준히 세력을 확장한 마르세유는 아를·아비뇽·카바용을 지배했고 갈리아의 남부 지방, 특히 론 강 주변지역을 개척했다. 이 시기 동안 마르세유는 종종 토착민 켈트-리구리아족과 분쟁을 일으켰다. 기원전 154년에 켈트-리구리아족이 마르세유를 공격하자 마르세유는 로마에 지원을 요청했다. 기원전 218년 한니발(고대 카르타고 사령관)이 로마를 공격할 때 로마를 도와준 적이 있었기 때문이다. 이 요청으로, 로마는 갈리아 지방에 진출하게 되었다.

기원전 125년과 122년 사이에 로마는 론 강 지역에 진출한 로마 상인과 그리스 식민지를 보호한다는 명분으로 갈리아의 남쪽을 점령하여 아콰에 섹스티아에 *Aquae Sextiae*(지금의 엑상프로방스)를 건설했다. 그리고 기원전 118년에는 식민지 나르본 *Narbonne*을 건설했고, 뒤이어 아를·프레쥐·글라눔·오랑주 지역을 점령했다. 그리하여 프로방스의 도시들은 로마의 생활방식을 받아들이게 되었다.

로마인들은 '알프스 너머의 갈리아 지방'을 '프로윙키아 로마나(Provincia romana, 로마의 속주)'라고 불렀는데, 이는 바로 오늘날 프로방스 *Provence*라는 명칭의 유래가 되었다. 로마의 영토 확장은 계속해서 알프스와 지중해 전역에 이르렀다. 오늘날 프랑스의 행정구역상으로 프로방스 알프 코트다쥐르 *Provence-Alpes-Côte d'Azur*, 이 세 지역을 통틀어 프로방스 지방이라 한다.

로마의 박물학자 가이우스 플리니우스(Gaius Plinius, 23~79)는 프로방스를 자연·식물·기후가 이탈리아와 비슷하여 이탈리아 본토와 같다고 했다. 플리니우스가 살던 시기에, 카이사르는 갈리아 지방을 점령해 로마화하고, 아우구스투스는 나르보넨시스 *Narbonensis* 도시를 조직화하여 로마화를 가속화했다. 이런 과정에서 로마 군인들에 의한 포도재배와 와인 양조 기술의 보급, 물과 와인을 섞어 마시는 풍습 등 와인 문화는 나르보넨시스에서 시작되어 점차 퍼져나갔다. 나르보넨시스의 도시들(지금의 나르본, 엑상프로방스, 비엔)은 로마 도로에 연결되어 이탈리아에 자연스럽게 통합되었다. 이곳에서는 포도나무와 올리브나무가 잘 자랐다. 실제로 프로방스의 도시들은 그리스 문화(헬레니즘)의 영향에서 완전히 벗어나지 못한 채 로마를 모델로 삼았다.

이렇게 프로방스 지방은 그리스와 로마의 지중해 문명의 영향을 강하게 받았다. 오늘날 프로방스 지방의 특징인 지중해식 문화는 고대부터 비롯된 것이다.

나르본

마르세유에는 유명한 유럽지중해문명박물관 *Musée des Civilisations de l'Europe et de la Méditerranée*이 있다. 마르세유가 유럽 문화 수도로 지정된 해인 2013년 '마르세유 프로방스 프로젝트'의 일환으로 개장했다. 알제리의 강렬한 햇빛의 해안 도시에서 자랐고 카시스에서 살고 있는 사람답게 "햇빛이 건축의 방향을 결정한다"고 생각한 프랑스 건축가 루디 리치오티(Rudy Ricciotti, 1952~)가 설계했다.

이 박물관은 유리로 만든 외벽과 바람이 잘 통하는 그물망 모양의 콘크리트 구조물로 되어 있다. 이러한 구조는 햇빛을

유럽지중해문명박물관

이용하여 건물을 장식한다. 햇빛을 받으면 그물망은 예쁜 무늬의 그림자를 만들고, 유리는 주변 풍경을 비춰주기도 한다.

마르세유의 문화적·역사적 중심지이자 옛 항구 *Vieux-Port* 끝에 위치한 이 박물관의 검은색은 마르세유 항구의 대문을 지켜온 생 장 *Saint Jean* 요새의 베이지 색과 대조를 이루고 있다. 그리고 마치 기찻길의 한쪽 모양에서 따온 듯한, 긴 막대형의 다리가 걸쳐 있는 육면체의 절제된 현대적인 건축물은 마르세유 항구의 역사적인 주변 경관과 절묘하게 조화를 이루고 있고, 전통과 현대의 공존을 상징하는 것 같다.

유럽지중해문명박물관과 생 장 요새

▲ 유럽지중해문명박물관과 로마네스크와 비잔틴 양식의 마조르 대성당
▼ 유럽지중해문명박물관 옥상, 멀리 노트르담 드 라가르드 대성당이 있다

옛 항구 앞 광장의 대형 거울 조형물 〈파빌리온 Pavilion〉

옛 항구 광장에는 대형 거울 조형물 〈파빌리온 *Pavilion*〉이 있다. 친환경 건축을 위한 하이테크를 가장 잘 사용하는 영국 건축가 노먼 포스터(Norman Foster, 1935~)가 2013년에 만든 작품이다. 보르도와 니스의 〈물의 거울〉과는 반대로 거울이 하늘에 떠있다. 또 하나의 지중해가, 또 하나의 마르세유가 공중에 있다. 세상을 거꾸로 보는 재미가 독특하다.

법정 스님은 『거꾸로 보기』에서 "각도를 달리해서 보면 아름다운 비밀이 보인다"고 했다. 법정 스님처럼 가랑이 사이로 거꾸로 보면 흔한 풍경도 새롭고 아름답다.

마르세유의 상징적 장소인 라비에유 샤리테(La Vieille Charité, 오래된 자선)는 도시의 역사적 중심지 파니에 구역에 있다. 1670년에서 1749년에 걸쳐 시의회가 걸인과 가난한 사람들을 위해 지었고, 그때 라비에유 샤리테를 구빈원이라 불렀다. 안뜰 중앙에는 조각가이자 건축가 피에르 폴 퓌제(Pierre Paul Puget, 1620~1694)가 설계한 독창적인 디자인의 바로크 양식 예배당도 세워졌다.

대혁명 이후 19세기 말까지 노인과 어린이를 위한 구제원이 되었다가, 제2차 세계대전 후에는 가난한 사람들이 이곳에 거주하기도 했다. 이 건물은 '현대 건축의 아버지'라 불리며 밀집도시의 생활환경 개선에 앞장선 건축가 르코르뷔지에(Le Corbusier, 1887~1965)의 권유로 1951년 역사적 기념물로 등재되었다.

라비에유 샤리테

오늘날 라비에유 샤리테는 마르세유의 가치 있는 유산을 상징하는 동시에 도시 문화 센터의 역할을 한다.

건물에는 지중해 고고학 박물관, 아프리카·해양 및 아메리카 원주민 예술 박물관이 있고, 현대시를 전승하는 국제 시詩 센터가 있다. 그리고 역사·인류학·사회학·경제학의 석·박사 과정과 함께 학제 간 연구 활동을 하는 EHESS 마르세유 캠퍼스도 있다.

마르세유가 '지중해의 여왕'이라면, 옛 항구는 '마르세유의 따뜻한 가슴'이라는 비유적 표현이 있다. 이때 '따뜻한 가슴'은 가족을 위해 고달픈 생활을 하는 어부와 선원들을 따뜻하게 맞이해 주는 의미일까, 아니면 세계적으로 아름다운 항구의 의미일까.

마르세유의 옛 항구에 온 여행자는 이곳에서 꼭 주문해야 할 요리가 있다. 가장 유명한 프로방스 요리, 특히 마르세유의 명물인 부야베스 *bouillabaisse*이다. 옛날 어부들이 팔고 남은 값싼 생선을 한꺼번에 넣고 끓여 먹은 것이, 지금은 지중해 연안 도시의 고급 레스토랑에서 값비싼 요리가 되었다. 값이 비싼 이유는 샤프란 때문인데, 붓꽃과의 꽃 종류로 1g의 샤프란을 얻으려면 500개의 암술대를 손질해서 말려야 하는 노동력을 필요로 한다. 샤프란은 음식을 노란색이나 오렌지색을 띠게 하며 약간의 쓴맛을 낸다.

전통적인 부야베스에는 쏨뱅이·성대·붕장어라는 세 가지 생선이 들어갔다. 오늘날 값비싼 부야베스에는 바닷가재가 포함된다. 부야베스에서 양념은 생선만큼 중요하다. 소금·후추·양파·토마토·샤프란·마늘·백리향·월계수 잎·세이지·회향·오렌지 껍질, 때로는 화이트 와인이나 코냑 한 잔을 국물에 첨가하여 향긋하게 한다. 한마디로 부야베스는 감칠맛 나는 지중해식 해물탕이다.

부야베스에 어울릴 만한 와인으로 마르세유 주변에 있는 카시스에서 생산되는 유명한 도멘 뒤 파테르넬 *Domaine du Paternel* 화이트 와인을 선택하는 것도 좋을 듯하다. 옛 항구의 생트 거리 *rue Sainte*, 코르니슈 케네디 *Corniche Kennedy*에는 세련되고 우수한 부야베스 레스토랑이 많다.

마르세유 거리

3 three

테루아

테루아 *terroir*는 본래 땅이나 토양을 뜻하는 프랑스어 테르 *terre*에서 파생된 용어이며 경작하기 좋은 땅이나 포도산지를 뜻한다.

그러나 오늘날 포도재배에서 '테루아'는 자연의 다양성에 인간의 창의성이 결합된 것으로 본다. 즉 주어진 장소의 자연환경(기후, 지형, 노출, 토양, 동식물 등)에 맞게 포도재배자들이 이상적으로 고안한 다양한 재배방법을 포함한다.

예를 들면 햇빛이 부족한 독일의 모젤 *Mosel* 계곡에서는 경사면에 포도나무를 심는다. 돌이 많은 남프랑스 카시스의 가파른 경사면에는 계단식 포도밭(레스탕크)을 만든다. 모래 바람이 부는 그리스의 산토리니 섬에서는 포도나무 가지를 바구니

(쿨루라)처럼 둥글게 엮는다. 아르헨티나 멘도사 *Mendoza*의 건조한 평원에서는 안데스 산맥의 빙하에서 흘러내리는 물을 끌어들인다. 일본에서 비가 많이 내리는 야마나시 *Yamanashi*에서는 포도송이마다 갓을 씌운다. 그리고 보르도 남부의 소테른에서는 부패하기 쉬운 변덕스러운 기후를 다루는 방법을 배워 '귀부 *pourriture noble*(고귀하게 부패한) 와인'을 만들었다.

| 모젤 강 주변

| 산토리니 섬

야마나시 |

이렇게 세계의 모든 지역에서 포도재배자와 와인 생산자들은 특별한 전략을 개발하고 있다. 포도원의 장소를 결정하고, 포도품종을 고르고, 재배 방법을 선택함으로써 그들은 이 '**주어진 장소**'에서 가장 **효과적**이고 이상적으로 '**실행**'한다.

이로써 테루아의 다양성에서 와인의 다양성과 포도재배 지역의 정체성이 탄생한다.

4 four

프로방스의 보석 카시스와 와인

프로방스의 감성을 한껏 시로 표현했던 미스트랄은 카시스 *Cassis*를 이렇게 묘사했다. **"파리를 보았으나 카시스를 못 보았다면, 아직 프랑스를 보지 못했다고 말해야 한다."** 얼마나 매력적이고 아름다운 곳이기에 이런 찬사를 보냈을까.

카시스의 이름을 떨치게 한 것은 아름답고 강렬한 햇빛의 해안과 칼랑크 *calanque*이다. 카시스의 작고 예쁜 해변에는 매혹적인 청록 빛을 띠는 바다와 눈부신 모래밭이 펼쳐진다. 칼랑크는 높은 바위로 둘러싸여 좁고 길게 육지로 들어간 만이다. 마르세유에서 카시스까지 약 20km에 이르는 해안에는 수많은 칼랑크가 있다. 많은 젊은이가 지중해의 강렬한 햇빛을 즐기려고 해안으로 몰려들고, 카누를 타고 칼랑크 사이를 누비기도 한다.

카시스 가는 길, 멀리 에스테렐 산맥의 돌산이 보인다

칼랑크

◀ 카시스 해변, 정면에 붉은 벽돌색 절벽이 보인다.
◀ 카시스에서 본 에스테렐 산맥

모네, 〈에스테렐 산맥〉

해변의 동쪽으로는 에스테렐 *Estérel* 산맥 끝이 바다 속으로 곤두박질 치듯 하기도 하고, 붉은 벽돌색의 절벽은 옛 성벽처럼 보이기도 한다. '붉은 산맥'이라고 불리는 이 산맥은 바다로 뻗어나간 일부의 모습이 웅장하고 멋있다.

마르세유 동쪽 바로 옆에 있는 카시스는 프로방스에서 포도나무가 처음 존재했던 장소 중 하나다. 16세기부터 카시스의 포도원은 뮈스카 *Muscat*(포도품종 머스캣)유형의 화이트 와인 생산을 발전시켰다. 1868년에 필록세라 해충으로 유럽 전반의 포도밭이 초토화된 사건(필록세라 위기) 이후에 카시스의 포도 재배자들은 포도품종을 개발하여 드라이한 화이트 와인 생산에 더욱 집중했다.

카시스 해변 레스토랑

　카시스는 훌륭한 화이트 와인의 테루아를 갖고 있다. 포도나무는 석회질 점토의 땅에 심어져 있다. 지중해는 여름엔 시원한 바람으로, 겨울엔 따뜻한 바람으로 포도나무를 보호한다. 카시스의 포도원은 쿠론 드 샤를마뉴 *Couronne de Charlemagne*(샤를마뉴 왕관 모습의 산)와 바다로 내민 바위산 캅 카나유 *Cap Canaille*(카나유 곶) 사이에 수많은 '레스탕크 *restanque*'로 되어 있다. 레스탕크란 경사지에 돌담으로 받쳐진 포도밭이다. 로마시대부터 농부들은 경사지의 많은 돌을 잘게 부수고 땅을 개간했다. 이후 이 돌들을 계단식으로 쌓아 폭우에 무너질 수 있는 땅을 지탱해 주고 배수도 잘 되는 구조로 만들었다.

쿠론 드 샤를마뉴 산(샤를마뉴 왕관 모습의 산)   레스탕크

카시스 와인은 1935년에 프랑스에서 **최초로 도입된 AOC-**(Appellation d'Origine Controlée, 원산지통제명칭) **와인에** 선정되었다. 오늘날 AOC Cassis의 포도원은 225헥타르 정도이다. 2012년부터 AOC 구획 전체가 칼랑크 국립공원에 포함되었다. 프랑스에서 온전히 국립공원 속에 있는 유일한 포도원이다.

5 five

카시스의 작은 제국, 도멘 뒤 파테르넬

카시스에는 10여 개의 포도원이 있는데, 그중에서 도멘 뒤 파테르넬 *Domaine du Paternel*은 카시스를 대표하는 유명한 포도원이다. 도멘 뒤 파테르넬에서는 포도나무가 테루아의 특성을 모두 담아내도록 노력하며 유기농으로 재배한다. 이 포도원은 카시스와 생시르 쉬르 메르 *Saint-Cyr-sur-Mer*의 가파른 석회암 경사지에 자리 잡고 있다.

도멘 뒤 파테르넬과 포도원

도멘 뒤 파테르넬은 『2023년 아세트 와인 가이드 *Le Guide Hachette des Vins* 2023』에서 '프로방스 올해의 포도 재배자'로 선정되었다. 도멘 뒤 파테르넬 소유주는 AOC Cassis의 전

도멘 뒤 파테르넬

체 면적에서 25% 정도 차지하는 카시스의 작은 제국을 만들었다. 와인 메이커들은 "유기농법, 수작업, 엄격함과 정확성의 원칙"을 중시한다. 포도원의 상징적 와인 '블랑 드 블랑 *Blanc de Blancs*', 그리고 '퀴베 블랑 드 블랑 *Cuvée Blanc de Blancs*'은 도멘 뒤 파테르넬의 정체성이자 이미지다.

여기서 '블랑 드 블랑'은 청포도로 만든 화이트 와인을 뜻하고, '퀴베'는 최상의 포도에서 압착하여 얻어낸 고품질의 포도즙을 뜻한다. 일반적으로 레이블에 '퀴베'라는 용어를 적는 이유는 최상의 포도로 와인을 만들었다는 것을 알리기 위함이다.

이 포도원의 특성 중 하나는 프로방스에서 주로 재배되는

도멘 뒤 파테르넬 포도밭

블랑 드 블랑 와인

신선하고 아로마가 풍부한 클레레트 *Clairette* 품종이 블렌딩에서 높은 비율(35%)을 차지한다는 점이다. "클레레트는 이곳의 테루아에 잘 적응하고, 가뭄을 견뎌내고, 상큼한 볼륨감(와인을 마셨을 때 입안에서 느껴지는 감정적 촉감)을 제공한다"고 한다. 돌이 많고 척박한 산에 잘 자라는 토착품종으로 생과일 맛을 내는 마르산 *Marsanne*과 적절한 응집력을 주는 위니 블랑 *Ugnie Blanc*을 잘 배합하는 것이 눈길을 끈다. 볼륨감·과일향·신선함, 이 모든 것이 무결점의 변함없는 화이트 와인을 만들어낸다는 평가를 받고 있다.

6 six

방돌, 매혹적인 빛깔 로제 와인

기원전 6세기, 그리스의 식민지를 개척한 포카이아인들이 마살리아를 건설할 당시에 방돌 *Bandol* 해안 지역의 포도재배가 이뤄졌다. 그들은 프로방스가 최적의 포도재배지임을 단번에 알았다. 적포도를 압착하고 가공하여 섬세하고 옅은 분홍빛 와인을 만들기 시작했다. 프로방스 협회는 실제로 "와인의 역사가 시작된 시기가 바로 로제 와인의 출발점"으로 보고 있다. 기원전 2세기에 로마인들이 프로방스 지방을 점령했을 당시 방돌의 로제 와인을 인기 있는 마르세유 와인으로 착각하고 몹시 탐냈다고 한다. 그리하여 로제 와인은 고품질 와인으로 알려진 마르세유 와인과 함께 로마로 운송되었다.

이렇게 로제 와인은 그리스·로마 시대부터 알려진 오랜 역사를 가진다. 최근에는 여름 바캉스 시기의 폭발적인 수요와 감각적인 트렌드에 맞춰 더욱 다양하게 변화하고 있다. 프로방스 지방은 로제 와인을 생산하는 세계 최대 산지이며, 프랑스 전체 로제 와인의 40%가 이곳에서 생산된다.

오늘날 카시스가 화이트 와인으로 유명하다면, 방돌은 로제 와인으로 그 명성이 드높다. 방돌의 지형은 대부분 낮은 해안 산맥과 능선으로 이뤄져 있다. 규소와 석회암 성분의 토양과 함께 따뜻한 지중해 기후는 이 지역의 무르베드르 *Mourvèdre* 포도가 충분히 익을 수 있는 이상적인 조건을 만든다. 가끔 불어오는 차갑고 매서운 미스트랄이 포도나무의 병충해를 몰아내 주기도 한다.

방돌의 포도원은 레스탕크에 조성되어 있으며, 주요 와인 생산지는 르보세, 라카디에르 다쥐르, 르카스틀레, 에브노스

방돌 해안

에 위치해 있다.

방돌의 로제 와인은 우아한 색깔과 가볍고 상큼한 맛으로 전 세계에서 오래도록 사랑받고 있다. 1844년 프랑스 작가 알렉상드르 뒤마(Alexandre Dumas, 1802~1870)가 쓴 소설 『몬테크리스토 백작』에서 몬테크리스토 백작이 '매우 상큼한' 방돌 로제 와인 한 잔을 즐기는 모습이 묘사되는데, 그 당시 이 와인의 인기를 짐작할 수 있을 것 같다.

로제 와인의 매력은 아름다운 색에 있다. 미각보다 시각의 즐거움을 더 주는 와인이라 할까. 특히 프로방스 로제 와인의 색은 투명한 핑크색부터 오렌지색·자몽색·망고색·멜론색·복숭아색에 이르기까지 매우 다양하다. 프로방스의 로제 와인은 무르베드르·그르나슈 *Grenache*·쌩소 *Cinsault*·시라 *Syrah* 등의 적포도로 생산된다. 가장 널리 사용되는 로제 와인 양조 방식은 이러하다.

포도껍질에서 색상이 추출되기 때문에 레드 와인과 동일하게 압착한 후 과즙을 일정 시간 껍질과 접촉시켜 색을 뽑아낸다. 이때 껍질과의 접촉 시간이 길수록 진한 색상과 풍성한 풍미가 배어든다. 그런 다음 껍질을 제거하면 발효가 시작된다. 포도껍질의 색소가 포도즙에 빠져나오는 양과 포도품종에 따라 다양한 로제 와인을 생산할 수 있다.

프로방스 로제 와인은 화이트 와인에 비해 다양한 음식과 어울린다. 샐러드부터 파스타·피자·생선요리·고기요리에 이르기까지 거의 모든 음식과 함께 즐길 수 있다. 로제 와인은 대부분 장기 숙성보다 3년 내지 5년 사이에 소비하는 게 좋다.

방돌의 유명한 포도원으로는 도멘 드 테르브륀 *Domaine de Terrebrune*, 도멘 오트 *Domaine OTT*, 도멘 탕피에 *Domaine Tempier* 등이 있다.

도멘 드 테르브륀과 포도밭

도멘 드 테르브륀 셀러, 안쪽에 갈색 점토의 벽이 있다

'도멘 드 테르브륀'은 석회암 성분의 갈색 점토에서 세련되고 신선한 풍부함과 특유의 깊이를 지닌 로제 와인을 생산한다. 테르브륀에서 '테르'는 땅, '브륀'은 브라운을 뜻한다. 소금기 머금은 지중해 바람을 맞으며 자란 포도로 지중해의 향기와 풍미를 잘 살려낸 이 엷은 황토빛이 도는 로제 와인은 은은하게 향신료를 가미한 듯한 훌륭한 섬세함을 드러낸다.

도멘 오트의 포도원

    '도멘 오트'의 '방돌 로제 와인'은 '프로방스의 롤스로이스'라는 애칭을 가질 만큼 풍미와 병모양이 특이하고 고급스럽다. 탁월한 우아함·부드러움·견고한 구조감의 특성을 지닌 이 로제 와인은 세심한 포도재배와 와인 양조의 결과인 듯하다. 금빛과 오렌지빛이 감도는 옅은 핑크색을 띠며 감귤·복숭아·자몽 향과 하얀 꽃향기를 내는 우아한 와인이다. 프로방스의 아름다움을 대표하듯 가느다란 사이프러스 나무에서 영감을 받았다는 병의 세련된 디자인이 이 로제 와인을 한층 더 돋보이게 한다.

도멘 오트 로제 와인

7 seven

엑상프로방스, 르네 왕과 뮈스카 포도나무, 세잔

프로방스에 그리스인이 처음 세운 식민도시는 마살리아(지금의 마르세유)이고, 로마인이 처음 세운 식민도시는 아콰에 섹스티아에 *Aquae Sextiae*(지금의 엑상프로방스)이다. 엑상프로방스

*Aix-en-Provence*를 짧게 줄여 부르는 애칭인 엑스 *Aix*는 물을 뜻하는 라틴어 *Aqua*에서 유래한 이름이다. 로마 황제 아우구스투스가 통치하는 시기에 엑스는 로마의 상징물로 장식되고 성벽으로 보호되는 번성한 도시였다. 4세기에는 로마제국의 속주인 제2의 나르보넨시스의 수도였지만, 이 화려한 시대의 흔적은 거의 남아 있지 않다.

그러나 엑스는 17세기와 18세기의 특유한 아름다움을 간직하고 있다. 우아하면서도 절제된 저택, 소박하면서도 고상한 광장, 아름다운 가로수 길, 매력적인 분수 등. 여기에 문화와 예술이 더해져 오늘날의 엑스는 아기자기하고 달콤하고 사랑스런 도시가 되었다. 엑스는 현대인이 바쁜 일상에서 벗어나고 싶을 때 햇빛 속에서 누릴 수 있는 행복감과 평온함, 은밀하게 다정함까지 느끼게 한다.

시청과 광장

시장

로통드 분수

뇌프 카농 분수

쿠르 미라보

    빛바랜 붉은 기와지붕, 골목길에서 다정하게 쫄쫄 소리를 내는 분수, 플라타너스 나무 그늘이 드리운 가로수 길. 특히 쿠르 미라보 *Cours Mirabeau*의 가로수 길엔 엑스의 활기가 집중되는 것 같다.

    가로수 길 한쪽에는 유명한 카페 되 가르송 *Deux Garçons*을 비롯한 카페들과 상점들이 늘어서 있고, 맞은편에는 오래된 저택의 귀족적인 파사드(정면)로 고상함을 더해 주고 있다. 이들 파사드 중 특히 모렐 드 퐁트베 *Maurel de Pontevès* 저택의 파사드가 눈길을 끈다.

17세기의 유명한 바로크 조각가이자 건축가 피에르 폴 퓌제가 만든 작품이다. 강건한 남성상 기둥이 파사드에 등을 대고 발코니를 받치고 있는 모습이 이채롭다.

쿠르 미라보 가로수 길 끝에는 엑스의 역사에서 빼놓을 수

모렐 드 퐁트베 저택의 파사드

없는 인물인 르네(René d'Anjou, 1409~1480) 왕의 분수가 있다. 19세기 프랑스 조각가 다비드 당제(David d'Angers, 1788~1856)가 만든 작품이다.

백년전쟁을 승리로 이끈 샤를 7세의 왕비의 동생이기도 한 르네 왕은 프랑스 백작, 앙주 공작, 예루살렘 왕, 나폴리 왕 등 많은 칭호와 넓은 땅을 가졌지만, 후일 왕조의 야망보다 앙주

르네 왕의 분수, 뮈스카 포도송이를 왼손에 들고 있다

와 프로방스의 문학과 예술에 더 많은 관심과 애정을 가졌었다. 그는 극단을 만들고 그림을 그리는 등 다양하게 활동한 예술가이면서 예술가의 후원자였다.

젊은 시절 르네는 잔 다르크와 나란히 백년전쟁에 참여하기도 했지만, 1472년에 엑상프로방스와 앙주에 사이좋은 왕비 잔과 함께 정착하여 생을 마감할 때까지 프로방스의 평화와 번영에 힘썼다. 프로방스를 그대로 닮은 다양한 색과 달콤한 꽃향기를 지닌 뮈스카 *Muscat* 포도나무를 처음 들여왔고, 자신의 포도밭을 경작하고 봉드 *Bonde* 댐을 건설하는 등 농업발전에도 기여했다. 그의 사후 프로방스는 프랑스 왕국에 합병되었다. 그의 거주지였던 타라스콩 *Tarascon* 성의 중심에 있는 르네 예술센터는 그의 이름에서 따왔고, 그가 자주 찾던 사냥터의 오두막집도 복원되는 등 프로방스 곳곳에 르네 왕의 후원과 사랑에 경의를 표하고 있다.

타라스콩은 고흐가 즐겨 찾던 곳이기도 하다.

〈타라스콩으로 가는 길〉
Vincent van Gogh

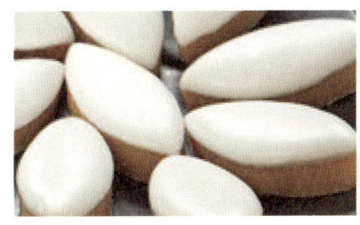
칼리송

프로방스의 디저트 칼리송 *calisson*에도 그의 전설이 배여 있다. 르네 왕과 잔 드 라발과의 결혼식[1454]을 위해 제과 장인은 아몬드를 이용해서 과자를 만들었다. 이름은 포옹이라는 뜻의 '칼렝 *câlin*'에서 유래되었다고 한다. 칼리송의 모양에서 맛있어 하는 어린 잔 왕비의 미소가 보이는 듯하다. 엑스에는 칼리송 박물관도 있다.

이외에 르네가 만든 도서관은 이탈리아 메디치가의 코시모[1389~1464](메디치 정치세력의 창시자, 교육·예술·건축 분야의 후원자)에게 영감을 주어, 코시모는 이탈리아 최초의 공립 도서관 산마르코를 열었다고 한다.

엑스에는 화가 폴 세잔이 사랑한 생트 빅투아르 *Sainte-Victoire* 산이 있다. 시시각각 강렬한 빛에서 오는 무한한 색의 변화를 표현하고자 했던 세잔은 이 산을 바라보면서 끊임없이 그렸다.

⟨생트 빅투아르⟩
Paul Cézanne

이 돌산은 눈을 반쯤 감고 가슴츠레하게 보면 몇 개의 면으로만 보인다. 세잔은 여기에서 입체파의 선구적 구상이 문득 떠오르지 않았을까. 입체파 화가 피카소는 세잔을 "우리 모두의 아버지"라고 했다.

거리의 세잔

그의 아틀리에

엑스에 있는 그의 아틀리에는 1906년 그가 사망했을 때와 똑같은 모습 그대로 보존되고 있다.

⟨술꾼⟩

Paul Cézanne

1891년에 세잔이 그린 ⟨술꾼 *Le Buveur*⟩이다. 세잔은 테이블에 앉아 생각에 잠긴 인물들에게 종종 관심을 가졌다고 한다.

그림에는 잔이 없다. 분명 이 사람은 병을 들고서 이미 와인을 마셨을 것이다. 턱을 고이고 단정히 앉은 모습은 주정뱅이가 아니고 몽상가임을 나타내는 것 같다. 이 그림에서 프랑스 작가 프랑수아 라블레 *François Rabelais*의 말이 떠오른다.

〈레몬과 와인〉
Paul Cézanne

"나는 마실 때 생각하고, 생각할 때 마신다."

8 eight

와인·예술·건축이 어우러진 샤토 라코스트

엑상프로방스에서 북쪽으로 약 20km 가면 샤토 라코스트 *Château La Coste*가 있다. 샤토 라코스트 가는 길은 제법 멀고 고불고불했다. 좁은 시골길을 돌고 돌아, 혹시 다른 길로 가는 가 싶으면 샤토 라코스트의 안내판이 나오고, 또 잘못 길을 들어섰는가 하면 안내판이 나온다. 6월엔 중간 중간 개양귀비

와 라벤더 밭과 함께 포도원, 올리브 과수원, 참나무 숲이 늘어서 있다. 뤼베롱 산기슭의 계곡, 높은 곳에서 맑은 날 멀리 방투 *Ventoux* 산이 보이는 이 멋진 장소에 샤토 라코스트는 자리 잡고 있었다.

"프로방스와는 쉽게 사랑에 빠집니다!"라고 아일랜드인 마라 맥킬런 *Mara Mckillen*은 말한다. 오랫동안 이 지역에 거주한 마라는 남동생 패트릭 맥킬런 *Patrick Mckillen*과 그의 가족을 프로방스로 불러들였다. 그들은 여름 휴가 동안 뤼베롱 산에 기댄 프로방스의 아름다운 풍경과 강렬한 빛을 발견했다. 함께 마을과 포도원을 다니며, 포도밭과 와인을 생산하는 고귀한 일에 매혹되었다. 이후 패트릭 가족은 포도원을 갖고 싶은 욕구가 솟구쳤고, 40년 이상 한 가족이 운영해 왔던 샤토 라코스트 포도원을 구입하게 되었다.

그들은 이 포도원에 딸린 주변 소유지도 구입한 후, 먼저 와인 생산에 집중했다. 포도 농사를 유기농업으로 전환했고, 와

안도 다다오가 설계한 샤토 라코스트 입구

시골 별장

인 메이커인 마티외 코스와 함께 새로운 와인 양조팀을 영입했으며, 2008년에는 세계적인 프랑스 건축가 장 누벨(Jean Nouvel, 1945~)이 설계한 새로운 '중력 흐름 셀러'를 건축했다.

이렇게 정교한 셀러가 있는 포도원은 거의 찾아보기 어렵다. 1682년에 있었던 원래의 시골 별장과 농장 건물 앞에 세워진 두 개의 반원형 셀러는 거대한 스테인리스 스틸 탱크처럼 햇빛에 빛난다. 지하 17m 깊이의 이 셀러 내부에는 고대의 암포라 기능을 갖춘 희귀한 현대식 스테인리스 스틸의 암포라도 있다.

중력 흐름 셀러

낮은 곳으로 흐르는 물처럼 포도즙은 중력으로 흘러내려 가면서, 수확한 포도송이부터 와인의 숙성과 병입, 레이블 부착 등에 이르기까지 이상적인 환경 아래 모두 자동 시스템으로 이뤄지도록 설계되었다.

두 건물 중 하나는 유리로 된 뚫린 공간으로 전체 프로세스와 보관 장소를 완전히 투명하게 보여준다.

샤토 라코스트에서는 '엑상프로방스의 언덕'이라는 4가지의 레드 와인을 생산한다. 르그랑 뱅 *Le Grand Vin*, 라그랑드 퀴베 *La Grande Cuvée*, 레팡트 두스 *Les Pentes douces* 및 르루즈 *Le Rouge*이다. 이들은 모두 프로방스의 테루아를 잘 표현하며,

현대식 암포라

자동 시스템

약간의 차이는 있지만, 붉은 열매 향, 신선하고 풍부한 맛, 힘 있고 균형 잡힌 구조를 지닌 유기농 와인들이다. 레드 와인 외에 화이트 와인, 로제 와인 및 스파클링 와인도 만든다.

샤토 라코스트가 더욱 특별하게 된 것은 오랜 기간 동안 꿈꾸어 온 예술과 건축에 대한 맥킬런 가족의 열정과 비전 덕분이다. 그들은 뛰어난 예술가와 건축가들이 아름다운 프로방스 풍경과 포도원을 존중하면서 작품을 설치할 수 있도록 온갖 상상력을 발휘했다.

특히 프로방스에 흩어져 있는 세 개의 시토회 수도원에서 영감을 얻기도 했고, 세잔의 작품에 나오는 풍경들에서 어떤 구상을 하기도 했다. 그들은 예술과 건축에서 창의적인 과정을 매우 잘 이해하는 것으로 알려져 있다.

맥킬런 가족은 세계 최고의 건축가와 예술가들과 계약을 맺고 소유지 안에 건물과 예술작품을 의뢰했다. 여기에는 가장 중요하다고 할 수 있는 예술·건축 산책을 하는 코스를 만드는 일도 포함되었다. 마라 맥킬런은 "우리가 원하는 것은 가능한 많은 사람들이 코스를 즐길 수 있도록 하는 것입니다. 여기서 예술은 와인을 돕고, 와인은 예술을 돕습니다. 이들은 완벽한 동반자입니다."라고 말했다.

이 드넓은 250헥타르의 소유지는 유기농 와이너리와 함께 예술 공간이자 조각 및 건축 공원으로 아름답게 탈바꿈하기 시작했다. 다른 유명한 샤토에도 아트 갤러리와 컬렉션이 있지만, 이 정도의 규모는 아니다.

코스에는 약 40개의 작품이 놓여질 계획이었다. 예술가들은 이리저리 연결된 길을 따라 개울, 고대 유적, 포도원과 숲을 돌아다니며, 장소를 신중하게 선택하여 작품을 만들도록 요청받았다.

이 작품들은 대부분 기념비적인 규모이며, 산비탈이나 지하, 혹은 언덕꼭대기나 숲속의 공터에 놓여 포도밭 풍경을 더욱 예술화시켰다.

각 프로젝트는 매우 유기적인 방식으로 개발되는 모험이었다. 각자의 자리에서 햇빛에 다양하게 노출되며 이곳 포도원을 위한 이상적인 형태가 만들어졌다. 자연에 거슬리지 않고 자연과 함께 작업하는 것은 예술가들의 야망이라 할 수도 있을 것이다. 이들의 예술적 영감은 땅과 포도밭 그리고 숲으로부터 솟아난 듯 보이기까지 한다. 그런 의미에서 샤토 라코스트는 예술가나 건축가들에게도 이상적인 형태였을 것이다.

예술 건축 산책의 출발점은 안도 다다오(Ando Tadao, 1941~)가 2011년 포도밭 자리에 세운 〈아트센터〉다. 아트센터 입구의 천장은 그가 가장 감명을 받았다는 로마 판테온의 천장을 떠올리게 한다. 구멍 뚫린 천장은 판테온에서 받은 그의 영감이 현대적인 감각으로 재탄생하여 아트센터를 방문한 여행자들에게 새로운 감동을 전하는 듯하다. 그는 "여행은 예술 창조의 영감을 주는 무한한 공간"이라고 하지 않았던가.

그리고 아트센터의 본관은 포도나무가 연상되는 기둥들로 예술과 와인 양조 문화를 연결 짓는 샤토 라코스트의 비전을 보여주는 듯하다.

유리·콘크리트·강철로 된 이 초현대식 건물 바로 옆의 반짝이는 인공 못 속에 루이즈 부르주아 *Louise Bourgeois*의 〈웅크린 거미〉와 알렉산더 칼더 *Alexander Calder*의 〈작은 찰랑거림〉, 스기모토 히로시 *Sugimoto Hiroshi*의 〈수학적 모델 012〉가 있

인공 못에 〈웅크린 거미〉가 있는 아트 센터 정면

둥글게 뚫린 천장이 있는 아트 센터와 입구

〈웅크린 거미〉

〈작은 찰랑거림〉

〈수학적 모델 012〉

〈공기로 가득한 상자들〉(위) | 〈음악관〉(아래)

고, 주변에는 션 스컬리 *Sean Scully*의 기념비적 조각품 〈공기로 가득한 상자들〉 등의 대담하고 현대적인 예술작품이 있다.

아트센터 서쪽에는 프랑크 게리(Frank Gehry, 1929~)가 설계한 〈음악관 *Pavillon de Musique*〉이 있는데, 이 열린 무대는 계단식 객석을 만들기 위해 경사진 지형을 활용했다. 낙하를 흉내 내는 유리 지붕은 산만하게 보이지만 무질서 속의 질서를 보여준다. 목재로 만든 플랫폼을 갖추고 있어 관객에게 휴식처의 역할도 한다.

이 음악관 주변에는 아일랜드 조각가 구기(Guggi, 1959~)가 만든 〈나의 술잔〉이 있다. 다도에 사용되는 잔을 떠올리게 한다. '단순함'으로 고요함과 명상을 표현하는 듯하다.

〈나의 술잔〉

이탈리아 토스카나에 있는 로카 디 프라시넬로 와이너리를 디자인한 이탈리아 건축가 렌조 피아노(Renzo Piano, 1937~)의 〈전시관 *Pavillon d'Exposition*〉은 샤토 라코스트의 포도밭 한가운데 있다. 예술 전시와 와인 보존을 위해 지어졌다. 땅속 6m 깊이를 파서 유리와 콘크리트로 만든 전시 갤러리에는 홈이 패인 지붕이 있으며, 이 지붕의 선들은 주변 포도원의 포도나무 줄들과 나란히 리듬을 맞추고, 건물은 포도원의 일부인 듯 낮은 자세로 있다.

아트센터의 남쪽 멀리, 포도원 안에는 브라질의 감각적인 건축가 오스카 니마이어(Oscar Niemeyer, 1907~2012)의 〈파빌리온 *Pavillon*〉이 있다. 곡선과 유리로 된 이 현대적인 파빌리온은 단순함과 브라질의 강한 노란색으로 주변의 포도나무와 프로방스의 구불구불한 언덕을 매끄럽게 연결시킨다. 인상적인 유리 파사드와 건물 앞의 수면은 드넓은 포도원의 모습을 더욱 도드라지게 한다.

하이테크 건축으로 유명한 영국의 건축가 리처드 로저스(Richard Rogers, 1933~2021)는 숲속 비탈길에 〈갤러리 *La Galerie*〉를 만들어 놀라움을 선사한다. 볼

〈전시관〉

〈파빌리온〉

트로 고정된 주황색의 강철 구조는 그가 파리에서 렌조 피아노와 공동 작업한 퐁피두 센터를 연상시킨다.

멀리 볼 수 있는 망원경처럼 불쑥 튀어나와 있는 금속과 유리로 되어 있는 이 하이테크 건물의 주황색은 아래에서 보면 보색인 초록색의 나무 잎사귀 사이로 보일 듯 말 듯 아름답다. 관람객은 내부 공간에서 작품과 함께 멀리 자연도 바라볼 수 있다. 건물 형태의 구성요소가 뚜렷하게 드러나 있어 그 기능을 쉽게 이해할 수 있다.

"형태는 기능을 따른다"라는 리처드 로저스의 건축 철학이 잘 반영된 건물이다.

일본 건축가 구마 겐고(Kuma Kengo, 1954~)는 나무와 빛의 물결을 표현한 〈고모레비 Komorebi〉를 만들었다. '고모레비'라는 일본어 용어는 '나무 사이를 지나고 구름 사이에서 춤추는 특별한 빛'을 의미한다. 매우 조밀한 기하학적인 나무 구조물이다. 빛에 대한 무한한 가능성을 만들어 하루 중 매 순간, 햇빛의 움직임에 따라 나타나는 색과 그림자가 아주 느리게 바뀌어 모빌처럼 다양한 모습을 보여준다. 계절에 따라 눈이 오고 새싹이 돋으면 배경까지 변화한다. 세월이 흘러 쓰러지는 나무가 되면 그것 또한 더 느리게 움직이는 모빌이 될까.

〈갤러리〉 | 〈갤러리〉 입구 | 〈고모레비〉

9 nine

포도밭 속의 뤼베롱 마을 메네르브와 예술가들

프로방스에서 가장 프로방스다운 곳은 뤼베롱 산기슭에 자리 잡은 시골 마을 루르마랭, 보니외, 고르드, 메네르브 등일 것이다.

샤토 라코스트에서 루르마랭 *Lourmarin*으로 가는 길에는 개양귀비꽃, 포도밭과 올리브나무 숲이 보인다.

루르마랭

1957년 『이방인』으로 노벨문학상을 수상한 알베르 카뮈(Albert Camus, 1913~1963)는 루르마랭에서 많은 소설을 쓰며 오랫동안 살고 싶어 했다. 아프리카 알제리의 해안 마을 몽도비에서 태어난 카뮈는 고향의 강렬한 햇빛과 색깔을 자주 그리워했다고 한다. 그는 루르마랭의 햇빛과 다채로운 색깔로 향수를 달래지 않았을까.

뤼베롱 산길   보니외

　루르마랭을 지나 협곡과 가파른 뤼베롱 산길을 오르면 뤼베롱 언덕 꼭대기에 '프로방스의 몽생미셸 Mont-Saint-Michel'이라 불리는 아름다운 마을 보니외 Bonnieux가 보인다. '바다 위에 떠 있는 섬 몽생미셸, 포도밭 가운데 떠 있는 보니외'. 보니외는 프로방스의 풍경을 아름답게 만드는 라벤더 밭으로도 유명하다.

　〈글래디에이터〉로 아카데미 작품상을 받은 영화감독 리들리 스콧 Ridley Scott의 영화 〈어느 멋진 순간 A good year〉(2006)은 보니외의 샤토 라카르노그 Château La Carnogue에서 촬영되었다. 2023년에는 넷플릭스 TV 시리즈 〈에밀리, 파리에 가다

Emily in Paris〉 시즌 3 에피소드 '프로방스의 불청객'은 보니외와 고르드에서 촬영되었다. 뤼베롱 산, 올리브 과수원, 라벤더 밭이 멋진 배경을 이룬다.

보니외

보니외를 지나 '역사와 유산의 마을'인 메네르브 *Ménerbes*
로 가는 길에는 숱한 포도밭이 펼쳐진다.

남쪽으로 프티 뤼베롱 *Petit Luberon*을 마주 보는 언덕 위
에 있는 메네르브는 포도밭과 체리 과수원으로 둘러싸여 있으
며, 칼라봉 강이 흐르는 평야를 내려다본다. 북쪽으로는 '프로
방스의 거인'으로 알려진 방투 산과 보클뤼즈 산맥까지 전망

멀리 보이는 메네르브 마을과 포도밭

이 멋지게 펼쳐진다. 길고 좁은 지형으로 "메네르브는 포도밭의 바다에 떠 있는 배"로 보인다고 예언가인 노스트라다무스(1503~1566)는 일찍이 말한 바 있다.

메네르브는 BC27에서 AD17에 건설된 이탈리아(로마)와 스페인(카디스)을 연결하는 도미티아 도로에서 잠깐 들르는 곳이었다.

메네르브의 역사에서 중요한 사건 중 하나는 16세기 개신교와 가톨릭의 종교전쟁 때에 있었다. 위그노(프랑스의 개신교 신자)가 이 마을을 1573년부터 5년 동안 점령했는데, 교황 그레고리오 13세와 프랑스 왕 앙리 3세의 명령에 따라 15,000여 명의 가톨릭 병사들이 마을을 포위 공략하여 위그노를 물리친 것이다.

작곡가 모리스 뒤뤼플레, 사진 작가 도라 마르, 추상 화가 니콜라 드 스타엘, 작가 프랑수아 누리시에 등의 유명한 예술가와 작가가 어떤 이유로 메네르브에 살았을까. 이들은 무엇보다도 시골 주변의 아름다움, 거리의 고요함과 주민의 친절함에 매혹되었다고 했다.

메네르브는 종교 건물, 공공건물과 개인 저택으로 이뤄진 풍부한 건축 유산을 가지고 있다. 15세기 초 카스텔레 *Castelet*

메네르브 마을

저택은 메네르브의 공동 영주 중 한 명인 레이몽 바랄리에의 소유였다. 1953년 이 지역에 매료된 초현실주의 시인이자 레지스탕스 운동에 참여한 르네 샤르의 권유로 세계적으로 유명한 화가 니콜라 드 스타엘(Nicolas de Staël, 1914~1955)이 이 저택을 구입했다.

카스텔레 저택

〈콘서트〉
Nicolas de Staël

이곳에는 한때 피카소의 연인이었던 도라 마르(Maar Dora, 1907~1997)의 별장이 있었다. 예술가이자 사진작가였던 그녀는 26살 연상의 피카소를 만나 피카소의 다섯 번째 연인이 되었다. 피카소는 마리 테레즈라는 연인이 있었음에도 불구하고 도라 마르의 지성과 아름다움에 매혹되어 사랑에 빠졌다고 한다. 피카소는 〈도라 마르의 초상〉 등 그녀의 초상화 여러 점을 남겼다.

도라 마르의 집

1947년 39세 때 도라 마르는 피카소와 함께 지낸 9년의 세월을 청산했다. 그때 피카소가 구입해 준 집이 지금의 '도라 마르의 집'이다.

도라 마르는 반파시스트 그룹에 참여하는 등 정치와 사회 문제에 관심이 있었다. 정치에 무관심한 피카소에게 영향을 주는 동시에 스페인 내전에도 관심을 갖게 하여 그 참상을 소재로 한 그의 대표작 〈게르니카〉 제작 과정을 사진으로 기록하기도 했다. 도라 마르는 1997년 죽을 때까지 매년 여름 이곳에 살면서 주변 풍경을 그렸다. 현재 이 집은 개인 소유이며, 전 세계의 예술가와 작가를 위한 레지던시 프로그램을 운영한다.

17세기에 오래된 성벽 위에 지어진 호화로운 아스티에 드 몽포콩 *Astier de Montfaucon* 저택은 아스티에 드 몽포콩 가족의 시골 별장이었다. 분수와 함께 1층에는 벽으로 둘러싸인 정원이 있다. 코뮌(마을)의 소유가 된 후, 이 저택은 병원·구제원·학교로 사용되었다. 1966년 역사적 기념물로 분류되어 복원되었고, 2004년 '뤼베롱의 송로버섯과 와인의 집'이 되었다.

뤼베롱의 송로버섯과 와인의 집

아스티에 드 몽포콩 저택 바로 옆에는 16세기 말에 지어진 시계탑이 있다. 시계탑에 연결된 현관에서 방투 산과 보클뤼즈 산맥의 멋진 전망을 볼 수 있다.

시계탑과 전망 ▶

메네르브 마을 기슭에는 도멘 드 라시타델 *Domaine de la Citadelle*이 있다. 포도원은 수령 15년에서 75년 사이의 포도나무가 심어져 있으며, 테루아와 기온의 차이에 따라 포도가 가장 늦게 익는 구획과 빨리 익는 구획으로 나눠진다. 모래, 자갈 많은 모래, 석회암 등의 토양과 포도품종의 특성을 잘 표현하기 위해 정확하고 세심하게 관리되고 있다.

도멘 드 라시타델

친환경 기술과 유기농업으로 포도재배를 하며, 포도나무 가지를 많이 잘라내는 가지치기로 수확량을 제한하고 이른 수확 등을 한다. 셀러는 경사진 언덕에 설치되어 중력의 흐름에 의한 작업이 가능하며, 스테인리스 스틸 통을 사용하여 최적화된 와인을 보존한다.

루산·마르산·클레레트·롤 *Rolle*로 만든 화이트 와인 '레자르템 *Les Artèmes*'은 복숭아·살구·배의 향과 함께 신선함, 균형 있는 산도, 미네랄 맛이 은은하게 느껴진다.

라시타델 와인

10 ten

레보 드 프로방스, 예술가와 '빛의 채석장'

레보 드 프로방스 마을

고흐가 광란의 시기에 그림을 그리고 치료를 받았던 정신병원이 있는 생레미 드 프로방스 *Saint-Rémy-de-Provence*를 지나 남쪽으로 약 11km 내려가면, 광대한 들판 한가운데 알피유 *Alpilles* 산자락 끝 절벽 꼭대기에 바위 마을 레보 드 프로방스 *Les Baux-de-Provence*가 자리 잡고 있다.

레보 드 프로방스 골목길

  이 마을 입구에 들어서면 회색의 거대한 바위들이 보이기 시작한다. 바위를 깎아 만든 골목길에 아치의 문들이 있고, 수수하고 아담한 돌집들이 서로 어우러져 있다. 이런 돌길과 집들을 지나 언덕 위에 올라서면 중세 성의 폐허에 그 당시의 전투 무기였던 투석기도 군데군데 재현되어 있고, 뒤엉킨 바위 덩어리 곳곳에는 구멍들이 숭숭 뚫려 있다. 이곳이 프로방스의

투석기   레보 드 프로방스에서 내려다본 포도밭과 알피유 산맥

서쪽 경계에 위치하여 중세시대에 공격의 대상이었고, 지리적으로 중요한 요새였음을 보여준다.

레보 드 프로방스는 여름에 너무 더워 '지옥의 계곡'이라고 불렸다. 프랑스 지질학자 피에르 베르티에(Pierre Berthier, 1782~1861)가 1822년에 계곡에서 고온건조한 지역에서 나오는 알루미늄이 풍부한 광석을 발견하여 이 마을 이름 보 *Baux*를 따서 보크사이트 *Bauxite*라는 이름을 붙였다. 보크사이트는 20세기 말에 고갈되었다.

레보 드 프로방스의 포도원은 알피유 산맥의 기슭에 있는 마을 주변으로 넓게 퍼져 있다. 단테(Dante Alighieri, 1265~1321)가 쓴 『

신곡』의 〈지옥편〉에 영감을 줄 정도로 이곳의 기후는 너무 가혹하고도 척박하다. 그러나 이런 기후와 자갈이 많은 점토층으로 덮인 석회질 토양 덕분에 이곳 포도원들은 고대 프로방스에서도 이미 알려졌으며, 최근에는 세심한 관리로 질 좋은 와인을 만든다.

일부 포도 재배자들은 유기농업을 도입하여 개성 있는 우수한 와인을 생산한다. 그르나슈·시라·무르베드르 포도품종과 약간의 카베르네 소비뇽을 혼합하여 레드 와인과 로제 와인을 만든다. 화이트 와인은 고품질로 소량 생산된다. 이들은 프랑스 최초의 완전 유기농 AOC를 만들려고 한다.

레보 드 프로방스로 여행을 간다면 와인 못지않게 올리브유를 맛보기를 권한다. 이곳의 올리브유는 프로방스 지방의 최고 자랑거리다.

+ 프로방스에서 올리브유는 숙취 예방용으로 필수품으로 여긴다.

───────

레보 드 프로방스에 매료되었던 예술가들도 많이 있다. 알피유 산을 많이 그린 비구상화가 마리오 프라시노스(Mario Prassinos, 1916~1985), **프로방스의 풍경 화가로 유명한 이브 브레에르**(Yves Brayer, 1907~1990), 싱어송라이터 장 브루솔(Jean Broussolle, 1920~1984), 영화 〈레옹〉, 〈그랑 블루〉, 〈다빈치 코드〉 등으로 잘 알려진 배

⟨알피유 산⟩
Mario Prassinos

⟨레보 드 프로방스⟩
Yves Brayer

⟨레보 드 프로방스⟩
Jean Dufy

영화 ⟨레옹⟩

우 장 르노(Jean Reno, 1948~) 등이 있다. 장 르노는 "이곳은 나를 더 나은 사람으로 만들어 준 곳입니다. 나는 레보에 묻히고 싶습니다"고도 했다.

『인간의 조건』의 작가인 앙드레 말로(André Malraux, 1901~1976)는 프랑스의 문화부 장관이 되자 문화재 보호에 적극 나섰고, 1966년에 레보 드 프로방스를 국가 문화재로 지정했다. 1998년에 이 마을은 '프랑스에서 가장 아름다운 마을들' 중 하나로 선정되면서 알려졌다.

지금은 근처 버려진 채석장을 활용한 예술 전시공간인 '빛의 채석장'에서 디지털 이미지와 음향으로 거장들(반 고흐, 폴 고갱, 구스타프 클림트 등)의 작품을 선보이고 있다. 프랑스의 '문화공간 Culturespaces' 재단이 기획한 미디어 아트 전시다.

'빛의 채석장'이 큰 성공을 거두자, 이 재단은 파리 디지털 아트센터인 '빛의 아틀리에'에 이어 제주도 '빛의 벙커', 2022년에 서울 '빛의 시어터'를 개관하기도 했다.

11 eleven

아를의 반 고흐와 루마 아를

아를을 생각하면 맨 먼저 고대 로마의 유적보다도 인상주의 화가 반 고흐(Van Gogh, 1853~1890)를 떠올릴 것이다. 이 도시의 곳곳에 있는 고흐의 흔적을 찾아보려고 여행자가 모여든다고 느낄 정도다. 마치 잘츠부르크의 모차르트처럼.

한때 구글 아트 프로젝트 *Google Art Project*는 세계인이 가장 사랑하는 '베스트 10'의 그림을 발표한 바 있다. 고흐의 4개의 작품이 그 속에 포함되었고, 세상을 뜨기 1년 전에 그린 〈별이

〈별이 빛나는 밤〉

Van Gogh

"별들의 풍경은 나를 꿈꾸게 한다."

빛나는 밤〉이 단연 1위에 선정되었다.

 캔버스에 빛과 그림자를 표현하던 고흐는 '또 다른 빛'을 찾아 아를에 정착했다. 이곳에서 300여 점의 그림을 그렸다고 한다. 1888년부터 고흐가 아를에서 보낸 2년은 강렬한 창조의 시기였다. 그는 프로방스에서 발견한 빛·색·형태를 〈붓꽃이 핀 아를의 풍경〉, 〈별이 빛나는 밤〉, 〈밤의 카페 테라스〉, 〈크로의 평원〉 등으로 표현했다.

고흐는 '밤의 카페테라스'의 커다란 가스등과 파란 하늘의 반짝이는 별을 함께 보았다.

론 강에 있는 랑글루아 다리, '고흐 다리'라고 불린다. 이 다리에서 고흐는 노란색의 다리와 파란색의 강물을 대조적으로 그렸다.

고흐가 치료를 받았던 아를의 시립병원

    1888년 10월에 그와 합류하기 위해 온 인상주의 화가 고갱과의 불화는 그를 정신착란과 광기에 빠뜨렸다. 생 레미 부근의 생폴 드 모졸 정신병원에서 치료받으며 계속해서 〈밀밭〉, 〈사이프러스〉, 〈올리브밭〉, 〈자화상〉을 그렸다. 고흐의 프로방스 시절 작품은 그의 작품 중에서 가장 매혹적이고 사랑받는 것으로 여겨진다.

    고흐는 네 가지의 포도밭 풍경을 그렸다. 1888년 아를에서 〈푸른 포도밭〉과 〈붉은 포도밭〉을, 1890년 5월 치료받으러 갔을 때 오베르에서 〈오베르가 보이는 포도밭〉과 〈농촌 여인이 있는 포도밭〉을 그렸다. 〈붉은 포도밭〉은 고흐가 생전에 판매한 유일한 그림으로 알려져 있으며, 세상에서 가장 비싼 작품 중 하나다.

〈붉은 포도밭〉
Van Gogh

    1888년 11월 4일 고갱과 함께 산책 도중, 붉은 포도밭을 관찰했다. 그리고 고흐는 이렇게 썼다. "모든 것이 레드 와인처럼 붉다. 사실 그것은 노란색으로 변한 다음 하늘 속에서 녹색으로 변한다. 비가 내린 땅은 여기저기서 석양의 반사를 받아 노란색의 번쩍거림과 함께 보라색이 된다." 고흐가 본 〈붉은 포도밭〉은 이런 색이었나 보다. 보라색과 노란색의 강렬한 대비와 붉은 색조를 통해 가을의 인상적인 풍경을 잘 보여준다.

    그림 속의 풍경은 도시의 북쪽에 위치한 트레봉 지역의 아를 시골 주변에서의 포도수확을 나타낸다. 땅바닥에 쓰러진 포도나무도 병든 포도밭의 관찰에서 비롯된 것일 것이다. 그 당시 프랑스의 거의 모든 포도밭들이 필록세라 해충의 피해를 입어 병들어 있었다.

⟨압생트와 카페 테이블⟩
Van Gogh

고흐는 값싼 압생트 *absinthe*만을 즐겨 마셨을까. 그는 압생트에 빠져 산 화가로 유명하다. 실제로 그의 파리 시절, 몽마르트르에서 예술가들과 교류하며 싸구려 와인이나 독한 압생트를 마셨다.

특히 와인을 좋아하는 화가 툴루즈 로트렉(Toulouse-Lautrec, 1864~1901)과는 밤새 마시기도 했는데, 우연히도 둘 다 37세에 생을 마감했다. 물론 고흐가 로트렉보다 10살이 많았으니 10년 앞서 갔다.

⟨몽마르트르와 포도밭⟩
Robert Delval

고흐가 살았던 파리와 근교 지역은 1837년 프랑스 최초의 기차가 생기기 이전에는 프랑스에서 아주 큰 포도재배지였다고 한다. 고흐가 한때 지냈던 몽마르트르 언덕에는 지금도 포도밭이 있고 소량의 와인이 생산되고 있다.

1981년 아를의 고대 로마 유적은 세계문화유산에 등재되었다. 아를은 어떻게 영광스러운 과거 문화유산이 많은 도시가 되었을까. 기원전 6세기 마르살라(지금의 마르세유)를 세운 그리스인들은 켈트-리구리아족의 도시(지금의 아를)를 식민지화했다. 기원전 2세기에는 영토 확장과 식민지 건설을 위해 로마 장군 마리우스가 론 강과 포 *Fos* 만을 운하로 연결시켰다. 이후 '아레라테(Arelate, 늪의 옆이라는 뜻)'라는 이름을 지녔다가 '아를'이라는 이름으로 바뀌게 되었다.

당시 아를은 여전히 경제적으로 마르세유에 종속되어 있었다. 그러나 기원전 49년 갈리아 전쟁(로마 원정군과 갈리아 부족 간의 전쟁) 때 12척의 배를 제공한 아를의 도움으로 승리한 로마의 카이사르는 마르세유가 소유했던 땅의 일부를 아를에게 주면서 로마 식민지를 건설하라고 명령했다. 이후 아를은 다양한 기념비적인 건축물을 지으며 발전했고, 고대 로마제국의 두 번째로 중요한 식민 도시가 되었다.

아를은 먼저 광장·극장·신전·대성당을, 그 다음으로 1세기 말에 원형 경기장을, 3세기 초에 생 트로핌 *Saint-Trophime* 교회를 세웠다.

아를의 원형 경기장은 당시 2만 명 이상의 관중을 수용할 수 있는 규모였다. 지금은 이곳에서 투우가 벌어지며, 특히 아를의 '국제 사진 축제 *Les Rencontres Internationales de la Photographie*' 행사로 유명하다. 탑의 망루에 가면 원형 경기장의 전체 구조와 도시, 론 강, 알피유 산맥, 몽마주르 *Montmajour* 수도원의 전망을 모두 즐길 수 있다.

원형 경기장

원형 경기장에서 내려다본 론 강과 도시 풍경

론 강 가까이 있는 아를 거리

생 트로핌 교회

아를의 건축물에서 가장 아름다운 것은 프로방스 로마네스크 예술의 걸작인 생 트로핌 *Saint Trophime* 교회이며, 정면 현관과 수도원 안뜰을 둘러싼 회랑이 특별하다. 정면 현관은 4명의 전도자의 상징과 그리스도의 영광을 나타내는 개선문 형태의 배열을 섬세하고 화려하게 보여준다.

4세기와 5세기에 아를은 절정에 이르렀다. 번성한 아를은 직물·금세공품·선박을 제조하고 동전을 주조하는 활발한 산업 중심지였다. 그 당시 이미 유명해진 밀과 돼지고기 제품뿐만 아니라 올리브유와 '송진 와인'이라 불리는 검고 진한 론 강 언덕의 와인이 지중해 도시로 수출되었다. 이때 와인을 싣고 장기 항해하는 동안 쉽게 상하는 것을 방지하는 방법으로 도자기에 와인을 먼저 채우고 그 위의 남은 공기층에 송진을 넣어 공기를 빼냈다. 그리고 송진으로 뚜껑을 봉하기도 했다. 그러면 송진향이 진하게 배여 송진 와인이라 불렸다. 오늘날 '레치나(송진) 와인'의 유래이다.

2021년 아를에 세계적 관심을 끄는 현대 건축물이 세워졌다. 캐나다 출신의 미국 건축가 프랑크 게리의 조각 같은 건물, 루마 아를 *Luma Arles*이다. 금속과 유리를 활용해 만든 겉모습에서 그가 예전에 설계한 스페인의 빌바오 구겐하임 미술관과 비슷한 이미지가 보인다. 종이를 구겨놓은 느낌이 나는 물결 모양의 은색 면이 독특하다.

프랑크 게리는 반 고흐의 〈별이 빛나는 밤〉, 알피유 산맥의 우뚝 솟은 절벽, 레보 드 프로방스의 환상적인 바위에서 영감을 받았다고 한다. 빛이 알피유 산맥 절벽의 이 무뚝뚝한 바위에 부딪히면 어떨까를 상상했을까. 그래서 그는 스테인리스 스틸 패널로 바위 느낌의 파사드를 만들어 프로방스의 강렬한 빛의 움직임에 따른 색의 변화를 주려고 했던가.

상층부 파사드와는 다른 느낌을 주는 1층에 있는 직경 54m

의 유리 원형 홀은 아를의 원형 경기장을 연상시키기도 한다.

이 타워에는 루마 재단의 설립 목적에 따라 특히 사진 분야에서 예술가와 그들의 프로젝트를 지원하기 위해 마련된 전시장, 갤러리, 연구 및 아카이브 센터가 있으며, 역사적인 사진가의 작품과 다양한 예술가의 현대 작품을 소장하고 있다.

루마 아를 센터 주변에 아틀리에의 공원 *Parc des Ateliers*도 들어섰다. 루마 아를 센터가 중심이 되는 이 공원을 이루는 6개의 건물에서 다양한 행사가 개최된다. 매년 여름에 '아를 국제 사진전'이 열린다.

| 루마 아를

12 twelve

예술가들이 사랑한
니스와 벨레 와인

몇 해 전 가족 세 명이 벤치에 나란히 앉아 아이스크림을 먹으며 니스의 밤바다를 보고 있었다. 저 멀리 깜깜한 바다 속에서 수영하던 여성이 천천히 자갈 해변으로 나오면서 서서히 일어서는데 발가벗은 몸이었다. 그때의 황당함이란... 몸과 마음의 자유로움...이런 분위기가 니스인가.

기원전 350년경 마살리아(지금의 마르세유)를 건설한 그리스인들은 식민도시 니카이아(지금의 니스)를 세웠다. 당시 그리스인들은 그리스 승리의 여신 니케 *Nike*의 이름을 따서 '니카이아 *Nikaia*'라고 불렀다.

메세나 광장의 〈물의 거울〉

오늘날 니스는 'Nice the beautiful'을 뜻하는 'Nice la Belle'라는 별명을 갖고 있다.

프로방스 지방의 '코트다쥐르(Côte d'Azur, 푸른빛 해안)'는 툴롱 *Toulon*에서 이탈리아 국경에 인접한 망통 *Menton*까지 이어지는 지중해의 아름다운 해변을 선보인다. 코트다쥐르에서 특히 아름다운 언덕으로 둘러싸인 니스는 일년 내내 내리쬐는 햇살, 자갈 해변, 영국인의 산책로, 활기찬 거리, 야자수 등으로 세계인의 마음을 사로잡고 있다.

프랑스와 그리스·이탈리아 문화를 사랑하는 이들에게 니스는 완벽한 문화의 혼합을 경험할 수 있게 한다. 니스 카니발의 '꽃의 전쟁 *La Bataille des Fleurs*'은 그리스의 신 데메테르(곡식과 수확의 여신)와 아도니스, 페르세포네(대지·농경·꽃·계절 등의 여신)를 숭배하기 위한 축제에서 유래한다. 니스 카니발에서 가장 인기 있는 것은 꽃마차 퍼레이드이다. 퍼레이드 중 꽃마차 행렬과 관람객이 서로 꽃을 던지며 주고받는 데 사용되는 꽃이 무려 10만 송이에 이른다고 한다.

1388년부터 1860년까지 니스는 이탈리아 사보이 왕가가 지배하는 피에몬테-사르데냐 왕국에 속해 있었으며, 이탈리아 문화의 영향을 받았다. 이탈리아 분위기를 지닌 구시가의 높은 덧문이 달린 황토색 건물, 파스텔 톤의 파사드와 발코니, 구석구석에 있는 파스타 가게 등이 이를 잘 보여준다. 파스텔 톤의 분위기는 도시를 따뜻하고 편안하게 만든다.

온화한 지중해 기후와 함께 푸른 아열대 식물이 자라는 니스는 18세기 후반부터 유럽 귀족과 상류층, 특히 많은 부유한 영국인들이 선호하는 곳이 되었다. 대영제국을 이끌었던 빅토리아 여왕도 니스를 최고의 휴양지로 손꼽을 정도였다. 빅토리아 여왕은 영국인들이 니스를 아주 좋아하자 '영국인의 산책로'를 뜻하는 '프롬나드 데 장글레 *Promenade des Anglais*'를 만들게 했다.

파스텔 톤의 집들

자갈로 유명한 니스 해변

프롬나드 데 장글레

천사의 만 *Baie des Anges*을 따라 4km에 걸쳐 길게 뻗어 있는 이 산책로에는 니스의 로제 와인과 화이트 와인을 파는 레스토랑과 상점, 갤러리와 호화 호텔 등이 줄지어 늘어서 있다.

이곳에는 '벨 에포크(Belle Époque, 아름다운 시대)'의 건축 양식을 보여주는 궁전 같은 호화로운 호텔 네그레스코 *Negresco*가 있다. 이 건물을 구상했던 건축가 앙리 네그레스코 *Henri Negresco*의 이름을 따서 네그레스코라고 명명되었다. 1913년 호텔은 개장되었지만, 호텔의 신화는 1957년 잔 오지에(Jeanne Augier, 1923~2019)가 남편 폴 오지에와 함께 인수하면서 시작되었다. 잔 오지에는 현대예술가의 걸작품, 기념비적인 조각, 가구 등을 수집하고, 유명인을 직접 환대했다. 달리와 피카소는 단골이었고, 윈스턴 처칠, 모나코 공주, 클린트 이스트우드, 비틀즈, 마이클 잭슨 등의 많은 유명인이 들렀다고 한다. 그녀는 프랑스 리비에라에서 자신만의 세계를 창조한 상징적 인물이었다.

네그레스코 호텔

니스에는 미술관이 집중해 있다. 이는 예술가들이 좋아할 수밖에 없는 푸른 지중해와 색색의 예쁜 꽃이 만발하는 화창한 코트다쥐르 기후 때문일 것이다.

야수파의 창시자 마티스(Henri Matisse, 1869~1954)는 프랑스 북부 출신이지만, 눈부신 태양 속 찬란한 니스를 사랑하여 1917년부터 1954년까지 정착해 살았다. 그리고 마티스와 40년 우정을 쌓았던 색의 마술사 보나르, 마티스가 유일하게 경쟁자로 여겼지만 서로 우정과 경의를 표했던 천재 화가 피카소, 그 외에도 인상주의 화가 르누아르, 탈인상주의 화가 뒤피, 초현실주의 화가 샤갈은 모두 프로방스를 사랑하며 살다가 이곳에서 생을 마감했다.

프로방스를 사랑한 화가들의 작품, 니스와 칸의 풍경을 다시 한 번 본다.

〈니스의 영국인의 산책로〉
Raoul Dufy

〈니스의 석양〉
Marc Chagall

〈칸 해안〉

Pablo Picasso

〈니스 부근의 카뉴 쉬르 메르〉

Auguste Renoir

〈니스의 만〉

Henri Matisse

〈포도 수확〉

Raoul Dufy

〈포도 압착기〉

Henri Matisse

라울 뒤피(Raoul Dufy, 1877~1953)의 작품 〈포도 수확〉에서 늦여름의 따뜻하고 밝은 분위기와 함께 자연의 고요한 행복과 평온함이 느껴진다. 마티스의 〈포도 압착기〉는 삶에 즐거움과 기쁨을 주는 음료인 와인에 대한 그의 사랑을 아름다운 구성과 명랑한 색으로 나타낸다.

이들의 작품은 마티스 미술관, 샤갈 미술관, 뮈제 데 보자르 *Musée des Beaux-Arts*를 포함하여 도시의 여러 미술관에서 볼 수 있다.

유럽의 철학자와 작가들도 니스를 무척이나 사랑했다. 이곳에서 미국 작가 프랭크 해리스 *Frank Harris*는 자서전 『나의 인생과 사랑』을 썼고, 니체는 『차라투스트라는 이렇게 말했다』를 썼다. 또 러시아 작가 안톤 체홉 *Anton Chekhov*은 희곡 『세 자매』를 썼다. 그는 니스를 "겨울에도 장미가 피며, 사람들이 항상 시끄러울 정도로 명랑하고 많이 웃어 사람 향기가 나는 천국"이라고 했다.

2021년 유네스코는 이 도시를 '니스, 리비에라의 겨울 휴양지'로 세계문화유산에 등재했다. 이때의 리비에라 *Riviera*는 가요제로 유명한 산 레모에서 제노바를 지나 라스페치아까지 이르는 이탈리아 해안에 붙여진 이름인데, 지중해성 기후로 겨울엔 온화하고 여름엔 시원하고 쾌청한 곳을 말한다. 프랑스에서의 리비에라는 코트다쥐르다.

세계적인 휴양도시 니스에서도 유명한 와인이 생산된다. 루이 14세와 미국 대통령 토머스 제퍼슨이 이미 찬사를 보냈던 니스의 '벨레 *Bellet* 와인'은 지금도 유명하다. 왜 벨레 와인이 유명할까.

벨레 포도원은 마르세유의 그리스인들이 이 도시를 건설한 시기로 거슬러 올라갈 만큼 프랑스에서 가장 오래된 역사를 자랑하는 포도원 중 하나다.

벨레 포도원

샤토 드 벨레

벨레 와인은 니스의 특정 지역에서 생산되는 AOC 와인으로, 프랑스에서 유일하게 도시 속의 포도원에서 생산된다. 벨레 포도원은 니스 서쪽 세 곳의 가파른 계단식 언덕, 사키에 *Saquier*, 크레마 *Crémat*, 생 로망 드 벨레 *Saint-Roman-de-Bellet*에 자리 잡고 있다. 이곳에 있는 언덕들은 벨레의 매우 작은 와인 생산 지역을 형성한다. 전체 규모는 약 50헥타르이다.

포도원은 바르 *Var* 강을 내려다보고 있고, 희귀한 포도품종과 훌륭한 테루아를 갖고 있다. 이곳의 포도나무는 햇빛을 듬뿍 받는다. 기후는 지중해성 기후로 일 년 내내 온화하다. 지중해의 바닷바람이 포도나무 가지와 잎사귀를 상쾌하게 한다. 토양은 규소와 석회성분의 자갈과 모래로 구성되어 있어 포도재배에 적합하고 와인에 풍미를 더한다.

샤토 드 크레마

'AOC 벨레' 또는 '뱅 드 벨레 *Vin-de-Bellet*'를 만드는 주요 품종은 브라케 *Braquet*와 폴 누아르 *Folle Noire*이다. 이 와인은 매우 개성적이고 신선한 풍미를 지닌다. 레드 와인은 장미 향이 강하고 자두·살구·체리 향이 나며 견고한 구조감과 적당한 타닌을 가진다.

특히 브라케와 폴 누아르를 블렌딩하여 만들어지는 로제 와인은 붉은 과일·장미·찔레꽃 향이 나며 독창적이고 우아하다. 화이트 와인은 시트러스 향(감귤류의 향), 흰 꽃 향(향긋하고 달콤한 향)과 후추 향을 지닌다.

샤토 드 크레마 와인   샤토 드 벨레 와인

Rhône

chapter **02**.

Rhône
론

"나의 큰 즐거움은 좋은 와인, 좋은 식사, 좋은 친구" - 니콜라 부알로

13 thirteen

아비뇽과 샤토뇌프 뒤 파프 와인

로마 제국은 갈리아의 프로방스 지방을 정복한 후 여기저기에 또 다른 이탈리아 또는 로마의 지방이라고 불릴 정도로 많은 로마 기념물을 건립했다. 오늘날 리옹에서 남쪽으로 200km 떨어진, 론 강 동쪽의 비옥한 평야인 오랑주 *Orange*(과일 오렌지와는 연관이 없음)는 프로방스의 첫 관문에 속한다. 오랑주에는 로마 황제 아우구스투스가 프로방스에서의 승리를 기념하기 위해 세운 개선문과 함께 고대 극장이 있다. 태양왕이라 불리는 루이 14세는 오랑주 고대 극장의 웅장한 벽을 '왕국에서 가장 아름다운 벽'이라고 칭송했다.

오랑주를 지나 계속 남쪽으로 32km 정도 더 내려가면 아비뇽 *Avignon*에 이르게 된다. 이곳에는 1309년부터 1377년까지 7명의 교황이 머물렀던 교황청이 있다. 왜 7명의 교황이 68년 동안 로마가 아닌 아비뇽에 머물게 되었을까?

오랑주 개선문

고대 극장의 정면엔 로마 황제 아우구스투스의 상이 보인다

십자군 전쟁의 실패로 로마 교황청의 권위가 약화되고 왕권이 강화되는 상황에서, 프랑스 왕 필립 4세(1268~1312)는 할아버지와 아버지의 십자군 원정으로 고갈된 재정을 보충하기 위해, 교회와 수도원에 대한 세금을 부과하고 프랑스 내의 교회와 수도원의 재산이 로마 교황청으로 흘러가는 것을 막는 등의 조치를 했다. 이에 교황 보나파시오 8세는 반대하는 회칙을 발표하고 항의하여 서로 부딪혔다. 결국 교황은 치욕적인 '아나니 사건(필립 4세의 측근에 의해 3일간 교황과 성직자들이 폭행, 감금당한 사건)'을 겪으며 1달 만에 사망했다.

이후 프랑스 내에서 중립적 입장을 취했던 보르도 출신의 대주교인 베르트랑 드 고트(Bertrand de Goth, 1264~1314)가 교황 클레

아비뇽 교황청

론 강변의 교황청

멘스 5세로 선출되었다. 1309년 이탈리아의 교황파와 프랑스의 황제파 간의 갈등으로 로마의 치안이 불안정해지자, 클레멘스 5세는 로마 교황청을 프랑스 국경에 가까운 그 당시 신성로마제국의 땅인 아비뇽(대혁명 이후 프랑스 영토가 됨)으로 옮기게 된다. 이때부터 '아비뇽 유수(1309~1377)'가 시작된다. 이때의 유수幽囚란 '바빌론 유수'에서 유래한 것으로 '감금하다'를 뜻한다. 이는 로마 교황청의 입장에서 본 표현이 아닐까.

클레멘스 5세는 재위 기간이 길어지자 아비뇽에 교황청을 지었고, 교황청에 필요한 와인을 조달하기 위해 아비뇽 북쪽에 포도나무를 심고 포도밭을 조성했다. 그는 자신의 고향 보르도의 빌랑드로 *Villandraut*에 포도원을 소유할 정도로 와인을 좋아했다. 클레멘스 5세의 계승자인 교황 요한 22세도 아비뇽에서 북쪽으로 17km 떨어진 지금의 '샤토뇌프 뒤 파프 *Châteauneuf-du-Pape*'에 여름 별장을 짓고 주변에 포도나무를 심어 와인을 만들었으며, 포도원도 설립했다.

요한 22세는 보르도에서 동쪽으로 210km 떨어진 카오르 *Cahor* 출신이었다. 카오르가 13세기에 주변의 가이약 *Gaillac*과 함께 영국 와인 시장에서 좋은 평가를 받았던 점을 고려해 볼 때, 요한 22세는 자란 환경으로 인해 포도재배와 와인 양조에 깊은 관심을 가졌던 것으로 여겨진다.

당시 교황들은 영주의 관습에 따라 그들 성 주변의 소르그 *Sorgues*와 샤토뇌프 *Châteauneuf*에 모범적인 포도원을 만들거나 개조했는데, 그중 하나인 소르그의 포도원은 19세기 필록세라 시대까지 희귀하면서도 질 좋은 와인을 제공했고, 다른 하나인 샤토뇌프의 포도원은 론 지방의 그랑 크뤼(뛰어난 포도밭, 특급 와인) 중 '샤토뇌프 뒤 파프 *Châteauneuf du Pape*'라는 이름으로 오늘날에도 여전히 그 자리를 지키고 있다.

교황의 여름 별장 주변 마을에서 생산된 와인은 처음엔 '뱅 뒤 파프 *Vin du Pape*, 교황의 와인'이라 불렸다. 세월이 지나면서 마을은 '교황의 새로운 성(별장)'을 뜻하는 '샤토뇌프 뒤 파프'라 불리기 시작했다.

위그노 전쟁(1562~1598, 가톨릭과 개신교 세력 사이의 종교전쟁) 중 1563년 위그노(개신교) 군대가 습격하여 샤토뇌프 뒤 파프에 불을 지르고 파괴했다. 그 후 수십 년 동안 비어 있다가 17세기에 아비뇽 대주교와 마을 수장이 잠시 그곳에 머물렀지만, 남은 건물조차 무너질 위험에 처하자 이 성은 마을의 건축 재료로 공급되었다. 그래서 불에 붉게 그을린 가장 높은 성의 한쪽 벽면과 주변의 폐허만이 남게 되었다.

프랑스 혁명 직후 짧은 기간(1790~1793) 동안 이 마을은 '아비뇽의 새로운 성'이라는 뜻의 '샤토뇌프 다비뇽 *Châteauneuf d'Avignon*'이라 불리기도 했다.

샤토뇌프 뒤 파프의 유적과 포도밭

샤토뇌프 뒤 파프 마을과 론 강

20세기 초 샤토뇌프 뒤 파프라는 이름을 붙인 가짜 와인이 등장하기 시작했다. 이에 1923년 와인 생산지 보호를 위한 규정이 만들어짐으로써 샤토뇌프 뒤 파프는 프랑스에서 최초로 원산지 명칭 보호를 받는 와인 생산지가 된다. 이 규정은 1935년 원산지 통제 명칭 AOC의 모델이 된다. 1937년 샤토뇌프 뒤 파프 와인 생산자 연맹은 와인 병에 티아라 *Tiara*(교황의 관)와 성 베드로의 열쇠라는 특별한 마크를 붙여 와인의 가치를 높였다. 성 베드로의 열쇠는 '천국의 문을 여는 열쇠'라는 의미를 담고 있다.

샤토뇌프 뒤 파프 와인과
티아라와 성 베드로의 열쇠 마크

프로방스 와인인 샤토뇌프 뒤 파프 와인은 지공다스 *Gigondas* 와인과 함께 남부 론 지역을 대표하는 와인이다. 남부 론 *Rhône* 지역은 볼렌 *Bollène*에서 아비뇽까지 이어진다. 이곳 대부분의 와인 생산지는 오랑주를 중심으로 론 강 줄기가 만든 언덕과 오랑주 동쪽의 보클뤼즈 *Vaucluse* 산맥과 뤼베롱 산의 경사면에 있다.

지역에서 가장 넓고 뛰어난 와인 생산지는 샤토뇌프 뒤 파프 마을인데, 그 규모는 보르도의 생테밀리옹에 버금간다. 샤토뇌프 뒤 파프의 포도원은 가파른 언덕 위의 마을 뒤편에 펼쳐진다.

남부 론 지도
map of Southern Rhône

오래된 포도나무와 매우 적은 수확량을 고수하는 이곳의 와인 생산자 중 일부는 세계 최고 수준의 품질을 가진 와인을 만드는데, 이 와인은 프로방스의 강렬함을 연상시키는 황홀한 향과 붉고 검은 과일의 풍미로 특징지어진다. 일반적으로 기품 있는 향과 복합적이고 깊은 풍미를 만들어 내는 그르나슈 80%에 시라·무르베드르·생소 등 13가지 포도품종을 섞어 만들어진다.

샤토뇌프 뒤 파프 마을과 주변 지역에는 론 밸리 *Rhône Valley*가 형성되기 오래 전에 알프스 빙하가 녹을 때 남겨 놓은 뾰족한 자갈이 론 강물에 굴러 둥글둥글한 자갈이 되어 남아 있다. 이곳 테루아의 특성을 이루는 이 자갈은 '갈레 *galet*'라고 불린다. 이 자갈은 낮에 뜨거운 태양열을 머금었다가 밤이 되면 열을 방출하여 주변 공기를 데워준다. 그리고 여름에는 토양이 메마르는 것을 막아주는 보호막 역할도 한다.

샤토뇌프 뒤 파프에는 샤토 드 보카스텔 *Château de Beaucastel*, 도멘 뒤 비외 텔레그라프 *Domaine du Vieux Télégraphe*, 샤토 라네르트 *Château La Nerthe* 등의 유명한 포도원이 있다.

갈레로 뒤덮인 포도밭 ▶

샤토 드 보카스텔

그중에서도 '샤토 드 보카스텔'은 론 밸리에서 아주 재능 있는 와인 양조자인 페랭 *Perrin* 가문이 독특하고 뛰어난 와인을 생산해 온 와이너리이자 회사이다. 매콤함과 과일 풍미를 지닌 무르베드르 품종의 높은 비율을 유지하며, 와인의 고유한 성격과 품질에 변화를 주지 않는 자연스러운 방식의 양조 원칙을 고수하고 있다.

이 포도원은 샤토뇌프 뒤 파프에서 허용되는 13종의 포도 품종을 모두 재배하는 매우 드문 포도원이다. 무르베드르의 비율을 높이고 그르나슈를 적게 섞은 와인을 생산하는 방식은 전통적인 방식과는 큰 차이를 보이지만 놀라운 품질의 와인을

샤토 드 보카스텔 포도밭

샤토 드 보카스텔 와인

만든다. 최상급 레드 와인은 짙은 루비색 또는 보라색을 띠며, 블랙베리·블랙체리의 과일 향과 감초·송로버섯·카시스의 감미로운 향을 지닌다.

14 fourteen

'사람의 믿음', '불꽃의 와인' 지공다스

지공다스 *Gigondas* 마을은 샤토뇌프 뒤 파프에서 북동쪽으로 25km 떨어진 보클뤼즈 주의 작은 산맥인 당텔 드 몽미라유 *Dentelles de Montmirail* 산기슭에 있다. '지공다스'라는 이름은 고대 로마에서 유래한다. 2세기에 로마제국 병사들을 위한 휴양지가 이곳에 들어섰고, 이 시기에 포도재배와 와인 생산이 처음 이뤄졌다. 와인으로 로마제국 병사들에게 얼마나 많은 만족감을 주었기에, 지공다스를 그 당시 라틴어로 '조쿤디타스(Jocunditas, 큰 기쁨과 즐거움)'로 불렀을까.

오늘날 지공다스는 훌륭한 와인과 맛있는 음식으로 가득찬 이 마을에 딱 어울리는 이름인 듯하다. 지공다스 주변에는 포도원과 숲으로 둘러싸여 있고, 라벤더·로즈마리·백리향과 같

당텔 드 몽미라유 산맥

은 프로방스의 허브향을 느낄 수 있는 아담하고 예쁜 마을 사블레 *Sablet*와 세귀레 *Séguret*도 있다.

마을을 둘러싸고 있는 숲이 우거진 고지대 당텔 드 몽미라유 산맥 바로 아래의 분지에서 단단한 구조와 강한 힘을 지닌 지공다스 레드 와인이 생산된다. 지공다스 와인은 샤토뇌프 뒤 파프 와인만큼 유명하지 않지만 레드 와인으로는 널리 알려져 있다.

　지공다스 와인은 14세기 오랑주 대주교가 처음 미사에 사용한 것을 시작으로 이름이 알려졌고, 1894년 파리 농업박람회에서 금메달을 수상했다. 1971년 지공다스 명칭은 코트 뒤 론 빌라주(Côtes du Rhône-Villages, 코트 뒤 론 마을)라는 명칭에 속하지 않고 독자적인 고유한 명칭이 되었다.

　지공다스는 2023년 빈티지부터 화이트 와인을 선보이게 되었다고 한다. 사실 지공다스의 화이트 와인은 샤토뇌프 뒤 파프 와인과의 경쟁에서 밀렸고, 이에 당시 백포도 품종으로 재배되었던 많은 포도나무는 뿌리가 뽑히고 적포도 품종으로 전환되기도 했다.

지공다스 마을 ▶

2023년 빈티지부터 선보일 화이트 와인은 고지대 테루아의 특성을 잘 나타내는 주요 포도품종 클레레트 블랑슈에 다른 포도품종을 블렌딩하여 만들어진다.

지공다스 레드 와인은 우아하기보다는 아주 힘이 넘쳐 '불꽃의 와인'이라 불린다. 샤토뇌프 뒤 파프보다 더 따뜻한 일부 지역에서는 그르나슈 80%, 시라·무르베드르 15%로 블렌딩하여 알코올 도수가 높은 레드 와인이 생산된다.

지공다스 마을에는 세계적인 와인 평론가 로버트 파커 *Robert M. Parker Jr*가 100점을 주며 '코트 뒤 론의 슈퍼스타'라고 격찬한 샤토 드 생콤 *Château de Saint-Cosme*과, 알코올 도수가 높은 레드 와인을 만드는 도멘 드 캐롱 *Domaine de Cayron*이 있다.

지공다스 명칭의 중심에 위치한 '샤토 드 생콤'은 로마 지배의 영향을 받은 갈리아 시대의 양조통이 완벽하게 보존되어 있을 정도로 역사적인 포도밭을 갖고 있다. 이 포도밭은 15세기에 오랑주

샤토 드 생콤과 포도밭

공국의 왕자의 땅에서 바뤼올 *Barruol* 가문의 소유가 되었다.

14대로 이어진 루이 바뤼올은 "모래 토양에서 자란 그르나슈는 매우 정제된 타닌뿐만 아니라 놀라운 질감의 와인을 생산한다. 특별하고 세련된 와인"이라고 말한다.

샤토 드 생콤에는 지공다스 '한 포도밭(싱글 빈야드)'에서 나온 포도로만 와인을 만드는 3개의 유명한 포도밭이 있다. 르 포스트 *Le Poste*, 르클로 *Le Claux*, 어미니스 피데스 *Hominis Fides*이다.

모래와 석회암 점토의 토양을 가진 '르포스트'에서는 매우 매끄럽고 세련된 와인이 생산된다. 작은 자갈과 석회암 점토의 토양을 가진 '르클로'에서는 섬세함과 복합성으로 인해 부르고뉴 와인 느낌의 지공다스가 생산된다. '어미니스 피데스(사람

샤토 드 생콤 셀러

의 믿음)'에서는 부드러우면서도 힘이 넘쳐나는 와인이 생산된다. 어미니스 피데스는 샤토 드 생콤에서 아주 우아하고 다양한 풍미가 있는, 이름처럼 믿음을 주는 와인이다. 선명한 루비색, 라즈베리·체리·꽃의 향, 후추·송로버섯·흑연·스모크의 향, 조화로운 타닌으로 인상적인 깊이와 미각의 즐거움을 준다.

샤토 드 생콤 와인

15 fifteen

코트 로티와 에르미타주

북부 론 지도
map of Northern Rhône

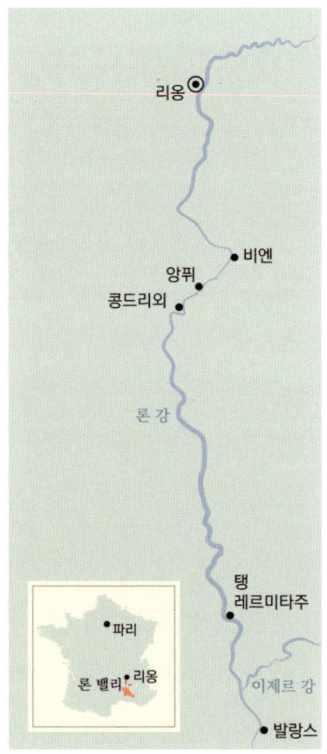

비엔 *Vienne*에서 발랑스 *Valence*에 이르는 북부 론 지역은 오늘날 보르도·부르고뉴·샹파뉴의 유명 와인 생산지처럼 독특하고 매력적인 와인을 생산하는 지역으로 널리 알려져 있다. 이곳은 고대 로마가 지배하던 갈리아 시대부터 이어져온 2,000년 이상의 포도재배의 역사를 가지고 있다.

BC 1세기 중반과 AD 2세기 말 사이의 시기는 갈리아 포도재배의 황금기로 간주된다. 북부 론 지역에 알로브로게스족(알프스 너머의 갈리아에 사는 켈트족)은 코트 로티 *Côte-Rôtie*와 에르미타주 *Hermitage*라는 유명한 포도원을 조성했다.

알로브로게스족은 이 두 개의 훌륭한 포도원의 가치를 일찌감치 알아차렸다. 이들 포도원은 무엇보다 갈리아에서 지리적으로 놀라운 장소 중 하나였다. 론 강을 이용해 배로 접근이 가능하고, 탁 트여 햇볕이 잘 드는 가파른 경사면에 있었다.

론 강과 이제르 *Isère* 강의 합류점에서 론 강 동쪽 언덕에 에르미타주가 있고, 론 강이 흐르는 비엔과 콩드리외 사이의 언덕에 코트 로티가 자리잡고 있다.

알로브로게스족의 포도재배 역사에서 로마의 평화는 포도재배를 발전시키는 결정적인 계기가 되었다. 로마의 평화란 로마 제국이 전쟁을 통한 영토 확장을 최소화하면서 오랜 평화를 누렸던 시기(BC27~AD180)를 말한다. 이 시기에 갈리아에서 로마 시민권을 가진 사람들에게 포도나무를 심을 수 있는 권리가 주어졌다.

알로브로게스족은 비엔을 수도로 정하고 고급 포도원도 설립했다. 고대 로마 시인 마르쿠스 마르티알리스(Marcus Martialis, 40~100)는 그들의 수도를 '와인의 도시 비엔 *Vitifera Vienna*'이라고 불렀다. 박물학자 플리니우스는 "알로브로게스족이 그들 와인의 명성을 국가의 명예로 여겼다"고 말했다. 지금도 프

비엔의 로마 유적과 지금의 모습

랑스인은 여전히 와인에 대한 자부심을 가지고 이 말을 당연시하는 것 같다.

플리니우스는 자신의 저서 『박물지』에 알로브로게스족의 수도인 비엔 지역을 유명하게 만든 새로운 포도나무가 출현한 것을 보았다고 적었다. 그 포도나무는 갈리아 최초의 포도품종으로 '알로브로지카 *allobrogica*'라고 불렸다. 알로브로지카는 확실하지는 않지만 오늘날 포도품종 시라·비오니에 등과 유사한 것으로 여겨진다.

알로브로게스족이 알로브로지카로 만든 와인 중 가장 유명한 것은 '피카툼 *picatum*(송진향이 나는 와인)'이라고 불렸다.

알로브로게스족은 그리스인처럼 질 좋은 와인 피카툼을 생산하여 점점 더 멀리 수출했고, 로마인처럼 이 와인을 섬세하게 만들었다.

16 sixteen

코트 로티와 도멘 기갈 앙퓌

북부 론 지역에서 가장 오래되고 유명한 포도밭 중 하나인 코트 로티(Côte-Rôtie, 로티 언덕) 포도밭은 3개의 마을 앙퓌 *Ampuis*, 생시르 쉬르 르 론 *Saint Cyr sur le Rhône*, 튀팽 스몽 *Tupin-Semons*에 걸쳐 론 강의 북서쪽 언덕의 가파른 경사면에 있다. 이곳은 리옹에서 남쪽으로 38km 떨어진 론 밸리의 최북단에 자리 잡고 있다.

코트 로티, 도멘 기갈 앙퓌(위) | 코트 로티의 비달 플뢰리 포도밭(아래)

고대 로마 시인과 박물학자, 그리고 그리스 작가는 코트 로티 와인을 '비엔의 와인'이라고 칭송했다. 앙퓌와 코트 로티를 언급하는 최초의 문헌은 6세기부터 기록되어 있다. 중세와 르네상스 시대에도 앙퓌 와인의 인기는 대단했다. 18세기에는 프랑스·영국·러시아·프로이센 왕의 식탁을 장식했고, 1890년까지 포도밭의 존재와 가치는 절정에 이르렀다.

햇볕만 들면 아주 작은 산비탈조차도 포도재배지로 경작되었다. 포도밭은 필록세라의 공격을 피하긴 했지만 제1차 세계 대전으로 심각한 타격을 받았다. 그 후 많은 포도재배의 경사면이 방치되었고, 1960년까지 약 60헥타르의 땅에서만 포도재배가 이뤄졌다.

1996년 코트 로티의 포도재배자 조합은 '프로부스의 켄투리오 *Centurie de Probus*'를 설립했다. 이는 로마 황제 프로부스(Marcus Aurelius Probus, 230~282)가 이끈 100명으로 구성된 부대를 뜻하며, 코트 로티 포도밭에서 일하는 100명 정도의 포도재배자들의 단결을 상징한다.

코트 로티 와인은 '프로부스의 켄투리오'에 의해 생산되고 양조된다. 유명한 '코트 로티 크뤼'는 레드 와인의 경우 시라 품종으로만 만들어진다. 선명한 루비 색, 복합적이고 우아한 향, 블랙베리와 제비꽃의 향, 매우 섬세한 타닌과 풀바디 느낌을 지닌 와인이다.

1946년에 와인 업체를 설립한 에티엔 기갈 *Etienne Guigal* 과 그의 아들 마르셀 기갈 *Marcel Guigal*은 북부 론 지역에 위치한 코트 로티에서 유력한 와인 생산자로서 열정과 헌신 그리고 연대감으로 결합된 이 특별한 땅을 일구고 보존했다. '수고가 없으면 이득도 없다 *No Pains No Gains*'는 이 가문의 모토는 이들의 성실함을 잘 보여준다.

24세기의 역사를 간직한 기갈 가문의 땅은 세심한 관심과 신중하고 정확한 관리를 통해 3세대에 걸쳐 이어져 왔다. 코트 뒤 론에서부터 샤토뇌프 뒤 파프, 콩드리외 *Condrieu*, 코트 로티에 이르기까지 다양한 와인이 생산된다. 이들 와인의 품질과 독특한 개성에 견줄 수 있는 와인은 론 밸리에서 소수에 불과하다.

코트 로티 와인

마르셀 기갈은 계단식 포도밭의 경작과 보존에서 포도나무의 관리와 가지치기에 이르기까지 포도재배가 자연과 조화를 이루고 지속가능하도록 했다. 포도밭은 유기농으로 경작하며 화학비료는 전혀 사용하지 않는다. 아주 잘 익은 포도를 얻으려고 늦게 수확한다. 늦은 수확과 적은 수확량, 양조과정에서의 최소한의 개입을 통해 향기롭고 풍부한 맛의 매력적이고 섬세한 와인을 만든다. 그는 "자연을 지배하려면 먼저 자연을 이해해야 한다"는 영국 철학자 프랜시스 베이컨(Francis Bacon, 1561~1626)의 말을 존중하는 듯하다.

도멘 기갈 앙퓌는 코트 로티 앙퓌에 3개의 단일 포도밭, 라 물린 *La Mouline*, 라랑돈 *La Landonne*, 라튀르크 *La Turque*를 갖고 있다. 열정과 인내로 론 밸리의 가장 위대한 와인을 생산

이 기갈 와인 시음장

한다. 여기서 단일 포도밭 이름과 와인 이름은 동일하다.

'라물린'은 기갈의 단일 포도밭에서 생산되는 가장 매혹적인 와인이다. 최상급 빈티지의 경우 블랙베리·흰 꽃·제비꽃 향이 매우 섬세하고 실크처럼 부드럽다. 시라 89%와 비오니에 11%로 만들어진다.

'라랑돈'은 검은 과일·스모크·감초·향신료 향이 매력적이며 묵직하고 힘찬 타닌의 맛을 지닌다. 시라로만 만들어진다.

'라튀르크'는 라물린과 라랑돈의 서로 다른 특징이 잘 배합되고 어우러져 섬세하고 매혹적인 향과 풍부한 맛을 지닌다.

이 3가지 와인의 2003년, 2005년, 2009년 빈티지는 로버트 파커로부터 100점을 받아 센세이션을 일으켰다. 이후 이 와인들은 '라 라 라' 시리즈 와인으로 전 세계에 알려졌다.

17 seventeen

콩드리외,
프랑스 최고의 화이트 와인

"부르고뉴에 몽라쉐 *Montrachet*가 있다면, 론에는 콩드리외 *Condrieu*가 있다"는 말이 있다.

코트 로티에서 남쪽으로 5km 떨어진 콩드리외는 론 지역에서 최고의 화이트 와인 생산지이다. 콩드리외 화이트 와인은 여러 세기에 걸쳐 명성과 큰 인기를 누렸다.

콩드리외는 17세기에서 18세기 동안 파리에서 금으로 지불될 정도로 매우 좋은 품질의 귀한 와인을 생산하는 곳으로 명성이 자자했다.

콩드리외 포도원은 유명인이 관련되어 있기도 하다. 수학자이자 공학자인 지라르 데자르그(Girard Desargues, 1591~1661)는 직접 포도수확을 할 정도로 자신의 콩드리외 포도원에 강한 애착과 열정을 갖고 있었다. 그는 32살 차이가 나는 수학 천재인 블레즈 파스칼(Blaise Pascal, 1623~1662)을 자신의 포도원으로 초대하곤 했다.

파스칼은 『팡세』에서 "인간은 자연에서 가장 연약한 갈대에 불과하다. 하지만 생각하는 갈대다"라는 명언을 남긴 철학자로도 유명했다. 와인에 관해서 그는 "와인을 지나치게 마시거나 너무 적게 마시면 진실을 말하지 못한다"고 말하기도 했는데, 데자르그와 함께 포도원에서 와인을 마시며 수학과 철학을 논하지 않았을까. 그렇게 서로 존경했을 것으로 보이는 둘은 거의 같은 시기에 생을 마감했다.

1789년 프랑스 대혁명이 일어나기 전까지 콩드리외는 이 지역의 수도원들이 이 와인을 선호하여 번성했다. 20세기 프랑스에서 '미식의 왕자'라고 불렸던 퀴르농스키(Curnonsky, 1872~1956)는 콩드리외 와인을 프랑스 최고의 화이트 와인 중 하나로 평가했다.

콩드리외의 포도밭과 론 강

 콩드리외의 포도밭은 론 강을 내려다보며, 충분한 햇빛을 받는 남쪽과 동쪽 방향으로 가파른 경사면에 계단식으로 조성되어 있다. 이곳에서 재배되는 비오니에 *Viognier*는 3세기에 로마 황제 프로부스[232~282]가 달마티아(지금의 크로아티아 해안)에서 가져온 희귀한 포도품종이다. 비오니에는 화강암 토양에서 자라면 황금빛을 띠며, 살구·흰 복숭아의 강렬하고 미묘한 향을 만드는 특성을 갖고 있다.

 콩드리외와 맞닿아 있는 베랭 *Vérin*에는 유명한 샤토 그리예 *Château Grillet*가 있다. 17세기에 이곳의 와인은 파리에 알려지게 되었다. 당시 주 프랑스 미국 공사였던 토머스 제퍼슨과 나폴레옹의 첫 번째 왕비 조제핀이 샤토 그리예 와인을 마셨으며, 1829년 영국 왕 조지 4세 때 영국으로 수출되었다.

퀴르농스키는 세계 최고의 와인으로 프랑스 화이트 와인 5개를 꼽았는데, 그중에 르몽라쉐, 샤토 디켐, 샤토 샬롱, 라쿨레 드 세랑과 함께 샤토 그리예가 포함되었다. 20세기 전반에 와인 소비 방식과 고품질 와인에 대한 인식에 큰 변화를 일으킨 그는 "좋은 음식이나 좋은 와인은 뭐니 뭐니 해도 그 본래의 재료 맛을 느낄 수 있어야 한다"고 말했다. 본래의 재료 맛이란 그 지역의 테루아를 담은 와인이 아닐까.

론 강 옆의 샤토 그리예와 테라스 포도밭

'그리예 *Grillet*'라는 이름은 햇빛의 뜨거운 열에 쬐어지고 달구어진 언덕을 뜻한다. 햇빛이 잘 드는 아주 가파른 경사면에 수세기에 걸쳐 세심하게 관리되고 보존된 많은 테라스(레스탕크)가 있는 언덕이다. 샤토 그리예의 포도원은 윈치(도르래의 일종)와 곡괭이로 작업한다고 한다.

샤토 그리예는 화강암 토양의 이웃 콩드리외 지역과는 전혀 다른 점토층의 토양과 미기후 등의 테루아를 갖고 있으며, 론 지역에서 드라이하지만 약간의 달콤함을 느끼는 특이한 화이트 와인을 만들어 낸다.

투명한 노란빛, 꽃 향(장미·민트·라임), 과일 향(파인애플·배·살구), 뛰어난 산도를 지닌 복합적이고 부드러운 풀바디 와인이다. 구운 가자미와 랍스터, 크림 소스를 곁들인 치킨과 잘 어울린다.

샤토 그리예 와인

18 eighteen

에르미타주와 엠 샤푸티에 와인

탱 레르미타주 *Tain-l'Hermitage*는 발랑스에서 약 20km 떨어져 있고, 론 강 동쪽에 있는 역사적인 마을이다. 1세기에 고대의 포도재배자들이 포도재배로 큰 명성을 누렸던 곳이다.

자동차로 포도밭 사이의 가파른 경사면을 한참 돌고 돌아 거의 산꼭대기에 오르면 눈 앞 저 아래에 굽이치는 론 강의 양쪽에 마을이 펼쳐진다. 눈을 의심할 정도로 멀리까지, 그리고 시원하게 펼쳐진 탱 레르미타주 마을.

◀ 노트르담 탱 교회

에르미타주 예배당과 론 강 ▶
계단식 포도밭의 멋진 전경 ▶

1350년 샤를 5세가 황태자 시절 잔 드 부르봉과 결혼식을 한 노트르담 탱 교회도 보인다. 포도나무로 덮인 마을 언덕 꼭대기에 있는 유명한 에르미타주 예배당 *Hermitage Chapelle*과 함께 론 강과 계단식 포도밭의 멋진 전경을 한참 동안 바라보았다. 1788년 토머스 제퍼슨도 주 프랑스 미국 공사로 5년 동안 재직 당시 이 경관에 매료되었다고 했다. 미국 최초의 와인 감정가이기도 했던 제퍼슨은 유명한 와인 산지를 누비며, 그의 여행 일기에 시음한 와인의 특성도 자세하게 기록했다.

에르미타주 언덕은 포도품종 시라의 발상지로 와인 순례의 명소이며, 현재 프랑스 국가 유산으로 분류되어 있다.

론 밸리의 와인은 과거에 에르미타주와 코트 로티의 고급 와인을 제외하고 영국의 보르도·부르고뉴 와인 구매자들이 요구하는 색감과 무게를 갖게 하는 데 사용되는 보조제 정도로 취급되는 경우가 많았다고 한다. 그러나 1980년대 후반에 "뛰어난 론 와인을 마셨을 때 나의 가슴과 혀가 자리를 바꾼 것 같았다"라는 로버트 파커의 감동적인 표현으로 인해 에르미타주와 코트 로티 와인과 함께 론 밸리 와인도 명성과 인기를 누리게 되었다.

고대부터 권위 있는 명칭인 에르미타주는 전설적인 언덕이다. 1224년 십자군 원정에서 돌아온 기사 가스파르 드 스테랭베르 *Gaspard de Stérimberg*는 에르미타주 언덕 꼭대기에 예배당 *Chapelle*을 짓고 은둔하며 포도밭을 일구었다고 한다. 이후 그가 일군 포도밭은 북부 론 최고의 와인 산지가 되었고, '은둔자의 처소'라는 뜻의 '에르미타주'라 불렸다.

에르미타주 테루아도 오랜 역사를 갖고 있다. 언덕 서쪽은 화강암·편마암·운모편암으로, 동쪽은 황토로 덮인 충적토로 구성되어 있다. 이는 오랜 시간 퇴적되어 생긴 세계에서 유일무이한 토양의 다양성으로, 이곳에서 생산되는 와인 품질과 개성을 잘 보여준다.

17세기의 풍자 시인 니콜라 부알로(Nicolas Boileau, 1636~1711)는 평소에 "나의 큰 즐거움은 좋은 와인, 좋은 식사, 좋은 친구"라고 할 정도로 와인을 사랑했다. 그는 『우스꽝스러운 식사』에서 "에르미타주 와인은 짙은 빨간색이고, 부드럽고 달콤하다"고 말했다. 그는 에르미타주 와인이 파리에서 누렸던 대단한 명성을 상기시켰으며, 루이 14세는 잉글랜드 왕 찰스 2세에게 프랑스 포도재배의 명성을 알리는 선물로 에르미타주·샹파뉴·부르고뉴 와인 200뮈(1뮈는 268리터)를 제공했다고 한다.

1787년 토머스 제퍼슨은 그의 여행 일기에 "에르미타주 화이트 와인은 세계 최고의 와인이다"라고 적었다. 유럽의 위인들과 러시아 궁전의 귀족들이 즐겨 마셨던 에르미타주 와인은 강렬한 향을 지닌 풍부하고 힘 있는 와인으로, 레드 와인의 경우 시라로, 화이트 와인의 경우 마르산과 루산으로 만들어진다.

탱 레르미타주에는 매우 유명한 와인 회사 엠 샤푸티에 *M.Chapoutier*(M은 미셸 Michel의 약자)와 폴 자불레 에네 *Paul Jaboulet Aîné*가 있다.

'엠 샤푸티에'는 1808년에 설립된 오래된 유명한 와인 회사로 론 밸리의 여러 지역에 포도밭을 갖고 있다. 유명한 와인 회사 기갈과 쌍벽을 이룬다. 미셸 샤푸티에의 철학은 '자연을 존중하자', '행동하고 기대하자'로 요약된다.

이를 실행하기 위해 그는 모든 포도밭에 비료·농약 등 화학 비료를 사용하지 않는 유기농법을 도입하고 천연 효모만을 사용했다.

엠 샤푸티에 포도밭

그리고 단일 품종 와인 생산에 많은 노력을 기울였다. 최고 수준에 도달한 엠 샤푸티에 와인은 아주 오래된 포도나무에서 소량의 포도만을 수확하고 선별하여 새 오크통에서 숙성시킨다. 이러한 와인은 엠 샤푸티에가 만드는 모든 레드 와인과 화이트 와인의 기준이 되는 것으로, 세계 최고의 와인과 견줄 만하다.

레드 와인 '에르미타주 르파비용 *Ermitage Le Pavillon*'은 레베사르 *Les Bessards* 지역의 수령 70년에서 80년의 포도나무가 있는 포도밭에서 생산된다. 에르미타주에서 가장 늦게 수확한 포도로 만들며 포도 줄기를 완전히 제거하고 양조하는 것이 특징이다.

또 다른 레드 와인인 '코트 로티 라모르도레 *Côte-Rôtie La Mordorée*'는 코트 브륀 *Côte Brune* 포도밭의 매우 오래된 포도나무에서 특별히 선별하여 수확한 포도로 만든다. 최고의 코트 로티 와인으로 스모크·흑연·꽃·블랙베리·카시스의 향, 충분한 타닌, 단단한 구조감을 지닌다.

화이트 와인 '에르미타주 로레 *Ermitage L'Orée*'는 르메알 *Le Méal* 지역에서 오래된 포도나무에서 자란 포도로 만든다.

엠 샤푸티에의 이들 와인은 로버트 파커로부터 12번 100점을 받았으며, 1989년부터 엠 샤푸티에는 와인 전문잡지 〈Wine & Sprit〉로부터 8번이나 세계 최고의 와이너리로 선정되었다.

르메알 와인

에르미타주 라샤펠 와인

'폴 자불레 에네'는 1834년부터 와인을 생산하고 있는, 전 세계에 널리 알려진 와인 회사이다. 이 회사의 최고 와인은 '에르미타주 라샤펠 *Hermitage La Chapelle*'이며, 와인 이름은 에르미타주 언덕 꼭대기에 남아 있는 가스파르 기사의 오래된 예배당에서 유래한다. 두 개의 유명한 포도밭 르메알과 레베사르에서 수확한 포도로 만든다.

매우 진한 농도와 질감을 가진 이 와인은 타닌을 부드럽게 만드는 데 적어도 10년 이상이 걸린다. 10년이 지난 후에도 복합적인 향과 풍미는 부분적으로만 드러나며, 와인은 계속해서 강한 힘을 유지한다. 보르도의 포이약 와인이 지닌 강건하면서도 섬세한 타닌의 질감이 있고, 엄청난 힘을 유지하는 생명력은 화강암 토양에서 자란 오래된 포도나무에서 기인한다.

폴 자불레 에네 포도밭

Champagne

chapter 03.

Champagne
샹파뉴

"병 속의 압착된 거품은 번개처럼 코르크 마개를 날려 보내지.
마개는 날아가고, 우리는 웃고, 마개는 천장을 치네.
이 상쾌한 와인에 피어오르는 거품은 프랑스인의 찬란한 이미지죠." - 볼테르

19 nineteen

샹파뉴 명칭과 샹파뉴 와인

샹파뉴 지도
map of Champagne

오늘날 샹파뉴 포도원 중 가장 유명한 포도원들은 도시 에페르네 *Épernay* 주변에 있다. 이 포도원들은 랭스 산 *Montagne de Reims* 남쪽에 펼쳐져 있다. 이곳은 토양의 성분이 다양하고, 랭스 산이 찬 북풍을 막아주며, 남쪽을 향한 경사면에는 햇볕이 잘 든다.

16세기 중반부터 랭스 산의 포도원은 포도재배 개선의 노력으로 명성이 높았다. 이러한 노력에 앞장 선 사람은 브륄라르 *Brûlart* 가문의 니콜라 브륄라르(Nicolas Brûlart, 1544~1624)였다. 랭스 산 북동쪽에 있는 실레리 *Sillery*의 영주였던 그는 앙리 4세(1553~1610)의 측근 가운데 가장 저명한 인물로 권력이 대단했으며, 가문의 땅 실레리에 특별한 관심을 갖고 포도밭을 개발했다.

베르즈네 마을(위) | 베르지 마을(아래)

브륄라르 가문의 문장

브륄라르 가문은 그들의 땅에서 고귀한 와인을 생산하는 것을 영광으로 여겼다. 가문의 문장에는 술통을 포도송이인 양 달고 대각선으로 굽이치는 그림이 새겨져 있다. 그들에게 포도재배와 와인 생산을 하는 전통이 얼마나 소중했는지를 여실히 보여준다. 실레리 부근의 유명한 베르즈네 *Verzenay* 땅도 브륄라르 가문의 소유였으며, 그들은 베르즈네와 베르지 *Verzy*의 포도원 개선에 기여했다.

그 당시 사실 랭스 산 와인은 샹파뉴에서 이미 알려진 아이 *Aÿ*와 쿠시 르 샤토 *Coucy-le-Château*(랭스의 북서쪽에 있는 중세 도시) 와인의 품질에 미치지는 못했다.

"프랑스의 모든 와인 중에서 쿠시 르 샤토 와인이 가장 우수하다고 여겨진다. 샹파뉴 와인 중에서는 아이 와인이 우수함과 완벽함에서 1등이다." 1600년에 와인에서 '샹파뉴 *Champagne*'라는 명칭을 처음 사용한 의사 라 프랑부아지에르(La Framboisière, 1560~1636)가 앙리 4세에게 헌정한 『위생학개론』에서 평가한 내용이다. 여기에서 샹파뉴 와인은 아직 발포성 샴페인이 아니다.

이 시기에 브륄라르 가문의 노력으로 한층 우수해진 랭스 산 와인도 '샹파뉴'라는 명칭 덕분에 널리 알려지게 되었다. 예로부터 실레리 앙 샹파뉴 *Sillery-en-Champagne*(샹파뉴 지방의 실레리)라고 불렸던 브륄라르 가문의 샤토에 와인을 사러 간 사람들이 이 와인도 샹파뉴 와인이라고 불렀기 때문이다.

높아지는 명성에 당시 재무장관이었던 니콜라 브륄라르의 강력한 추천까지 있었기에 샹파뉴 와인 생산자들은 상업적 이득을 보장받았다. 물론 이들은 이 '샹파뉴'라는 명칭에 부응하기 위해 포도재배와 와인 양조의 개선에 힘을 쏟았다.

그리고 샹파뉴 와인은 샤토 실레리와 아이 부근의 오빌레 *Hautvillers* 수도원에서도 와인 양조에 정성을 보탬으로써 품질이 더욱 개선되어 최고위층의 보증을 받았다. 이 모두가 샹파뉴 와인의 성공에 이르는 중요한 계기가 되었다.

1654년 랭스에서 행해진 루이 14세(1638~1715)의 대관식 축하연에서는 아이, 오빌레, 랭스 산(실레리, 베르즈네)의 와인이 소개되었다. 이후 샹파뉴 와인은 상류계급의 인사들이 매우 선호하게 되면서 큰 인기를 얻게 된다.

17세기 의사이자 문인인 기 파탱 *Guy Patin*은 아이 와인을 '

신의 와인'이라 격찬했고, 루이 14세는 이 와인을 높이 평가하며 매일 즐겨 마시곤 했다.

+ 하지만 의사 기 크레샹 파공 Guy-Crescent Fagon이 통풍에 걸린 왕의 건강을 위해 부르고뉴 와인이 더 좋겠다고 판단해 아이 와인을 포기시켰다고 한다.

아이 와인은 오늘날의 로제 와인에 가까운 색의 레드 와인, 더 정확하게는 클라렛(빛깔이 연한 레드 와인)이었다.

실레리 주변 포도원, 포도밭의 지평선을 볼 수 있다

20 twenty

샴페인을 터뜨리자!

'**샴페인 없는 축제는 없다** *Pas de fête sans Champagne.*'

펑 하는 신호탄과 함께 병 밖으로 넘쳐나는 거품은 즐거운 파티의 시작을 알린다. 잔에서 끊임없이 불꽃처럼 피어오르는 기포는 우리를 파티 속으로 몰아넣는다.

오늘날에도 여전히 파티와 축하를 떠올리게 하는 샴페인은 프랑스만의 발명품이 아니다. 샹파뉴 와인에 대한 영국인의 사랑이 없었다면, 지금의 샴페인은 존재하지 않았을지도 모른다. 샴페인은 프랑스의 지역명 '샹파뉴 *Champagne*'의 영어식 표현이며, '뱅 드 샹파뉴 *vin de Champagne*(샹파뉴 와인)'가 정식 명칭이다.

오빌레 수도원에서 내려다본 포도원과 마른 강

수도사 돔 피에르 페리뇽(Dom Pierre Pérignon, 1638~1715)은 샴페인의 발명가는 아니지만, 와인에 대한 그의 기여는 대단하다. 1668년 샹파뉴의 오빌레 수도원에서 그는 포도밭, 포도 압착기, 지하 저장고의 관리 책임을 맡게 되었다. 토양에 적합한 포도나무를 선택하는 방법, 포도나무 휘묻이, 가지치기, 포도를 섞는 방법, 와인을 만들고 관리하는 방법에 대해 세심한 정성을 기울였다. 특히 추위, 더위, 습도 등의 '서로 다른 환경을 가진 여러 포도밭에서 수확한 포도를 조합(아상블라주 assemblage)'하여 독창성과 매력을 가진 최고 품질의 와인을 만들려고 시도했다. 오늘날 전 세계에서 사용되는 그의 아상블라주 방식은 샹파뉴 지방의 아이, 오빌레, 아비즈, 실레리의 와인을 완벽하게 만드는 데 기여했다.

오빌레 수도원의 옛모습 | 현재의 옆모습 | 수도원 안의 돔 페리뇽 묘지

당시 샹파뉴에서는 향긋하고 부드러우며 기포가 없는 화이트 와인이 제조되고 있었다. 돔 페리뇽은 어느 날 겨울을 지난 와인이 봄이 되어 따뜻해지면서 발효하여 터지는 현상을 경험하게 된다. 이때 그는 와인 제조 과정에서 오히려 기포가 발생하지 않게 하려고 노력했다. 그러나 은퇴할 무렵에는 거품을 받아들이고 발포성 와인을 만들었다. 그리고 코르크 마개로 막은 호리병을 들고 스페인 순례 길에서 돌아오는 수도사들을 보고 거품을 유지하기 위해 코르크 마개도 사용했다고 한다.

+ 로제 디옹에 따르면 "돔 페리뇽이 오빌레 수도원의 포도원을 관리하던 시기에는 오늘날 샴페인 거품 제조 과정(병에 와인 원액과 설탕을 넣어 2차 발효시켜 발포성을 띠게 하는 과정)이라 불리는 아이디어는 아직 나오지 않았다"고 한다.

──────────

17세기 중반, 영국 상인들은 샹파뉴에서 운송된 와인의 나무통(토노, tonneau)에서 봄에 발효가 재개될 때 효모에 의해 생성된 탄산가스가 거품을 일게 한다는 것을 알았다. 이 매력적인 거품을 보존하기 위해 그들은 두꺼운 유리병과 코르크 마개를 발명했고, 나아가 샹파뉴 와인의 거품의 특성을 보존하고 조절하게도 되었다. 그리고 영국 상인들이 설탕을 넣어 거품이 더 많이 생성되는 샹파뉴 와인을 만들었을 때, 영국인들의 반응은 대단했다.

그러자 샹파뉴 포도재배자들도 처음엔 거의 관심을 갖지 않았던 거품이 영국 소비자들을 매료시키는 것을 보고 분발했다. 영국의 극작가 조지 이더리지(1635~1692)도 『유행의 인간』에서 샹파뉴 와인을 '스파클링 와인'이라 부르면서 "**발포성 샴페인은 괴로워하는 가엾은 연인을 빠르게 소생시킨다. 그것은 우리를 즐겁고 명랑하게 만들며, 우리의 모든 슬픔을 사라지게 한다.**"라고 한몫을 했다.

필립 메르시에, 〈미각〉

발포성을 조절하고 보존하는 영국인들의 혁신적 발명품과 와인의 품질을 향상시키는 돔 페리뇽의 아상블라주 방식은 '샹파뉴 와인(샴페인)'의 창조로 이어졌다. 돔 페리뇽의 동료인 돔 뤼나르(Dom Ruinart, 1657~1709)는 처음으로 거품 형성에 유리한 석회암 동굴의 지하 저장고를 만들었다.

1718년 샹파뉴에서 포도나무를 재배하고 와인을 만드는 방법에 대한 개론서를 쓴 저자는 "세상의 어디에도 샹파뉴 지방만큼 좋은 지하 저장고는 없다"고 했다.

샹파뉴가 발포성 와인 덕분에 부와 명성이 증가하게 되자, 아이 와인과 같은 귀하고 완벽했던 샹파뉴의 다른 와인까지도 거품을 만드는 과정을 자연스럽게 받아들였다.

1720년경에 발포성 샴페인은 프랑스와 유럽의 궁정에서 유행했다. 샹파뉴 와인을 좋아한 루이 14세가 사망하자, 루이 14세의 증손자인 어린 루이 15세[1710~1774]를 대신하여 프랑스 왕국을 섭정한 오를레앙 공작[1674~1723]은 샴페인을 무척 좋아하여 루아얄 왕궁에서 만찬이나 화려한 파티 때 샴페인을 마셨다.

루이 15세 또한 왕국의 대부분의 귀족들과 마찬가지로 스스로 '마개가 펑하고 튀어 나가는' 이 와인의 열렬한 애호가임을 보여줬다. 그가 총애하는 정부인 퐁파두르 부인은 어느 날 이렇게 말했다.

"샴페인은 여성이 마셔도 여전히 예뻐 보일 수 있는 유일한 와인이죠."

모리스 캉탱 드 라 투르, 〈퐁파두르 후작부인〉

책장 앞에서 책을 들고 있는 그녀의 초상화에서 보듯이, 평소 책을 좋아하고 수집했던 퐁파두르 부인(1721~1764)은 계몽주의 철학자인 볼테르, 몽테스키외, 루소의 저술 활동과 출판을 후원했다. 그리고 이들을 자신의 살롱으로 초대하여 와인과 커피를 마시면서 지적인 대화를 나누곤 했다.

당시 살롱은 계몽주의 사상의 전파에 크게 기여했고, 궁정에서 환영받지 못하는 견해를 지지하기도 했다. 볼테르가 군주제를 비판하여 루이 15세와 불편한 관계일 때, 퐁파두르 부인은 그를 옹호하고 변호했다. 뿐만 아니라 사교계의 여왕이기도 한 그녀는 파리를 유럽의 미각과 문화의 중심지로 만드는 데 중요한 역할을 했으며, 많은 예술가를 후원하고 예술 창작에 직접 참여하기도 했다.

살롱 문화가 꽃을 피웠던 18세기의 계몽주의 시대에 발포성 샴페인은 사교계의 지식층에서도 크게 환영받았다. 볼테르는 "유럽은 사교생활의 예절과 정신을 루이 14세의 궁정에서 배웠다"고 했고, 1736년 자신의 시 〈사교계의 사람들〉에서 이렇게 적었다. "클로리스와 에글레(그리스 신화 속의 공주들)는 내게 손수 '아이 와인'을 따라주네. **병 속의 압착된 거품은 번개처럼 코르크 마개를 날려 보내지. 마개는 날아가고, 우리는 웃고, 마개는 천장을 치네.** 이 상쾌한 와인에 피어오르는 거품은 프랑스인의 찬란한 이미지죠."

궁정과 사교계의 사랑을 받고 프랑스인의 찬란한 삶을 상징하던 샴페인은 그 당시 매우 비쌌다. 1750년경 샴페인 한 병이 약 7리브르에 팔렸는데, 이는 노동자가 4일간 일하여 번 돈에 해당했다고 한다.

그 인기를 증명하듯 와인 회사인 샴페인 하우스 *Maison de Champagne*들이 18세기에 처음 설립되기 시작했다. 돔 뤼나르의 조카인 니콜라 뤼나르 *Nicolas Ruinart*가 설립한 뤼나르 *Ruinart*[1729], 모에 *Moët*[1743], 클리코 *Clicquot*[1772] 등 지금도 유명한 샴페인 하우스들이다. 프랑스 대혁명이 일어나기 직전 1788년에 랭스와 에페르네 지역은 약 100만 병의 샴페인을 수출했다고 한다.

19세기에도 샴페인은 여전히 엘리트와 사회의 부유한 계층을 위한 것이었다. 1830년에서 1840년대에 이르러 샴페인의 발포성은 완전히 다르게 조절되었는데, 이때 등장한 새로운 거품 형성의 기술은 깊숙한 지하 저장고, 즉 시원하고 촉촉한 석회암 동굴에 와인을 '오랫동안' 있게 하는 것이었다.

21 twenty-one

그림 속의 샴페인

〈폴리 베르제르의 바〉

Édouard Manet

마네⁽¹⁸³²~¹⁸⁸³⁾가 살던 시대의 카페 콩세르(바 bar)는 식사와 음료를 마시며 음악과 쇼를 즐기는 곳으로, 당대의 화가·작가·수집가·언론인·정치인들이 자주 드나들었던 곳이다. 마네는 그들을 행복하게 또는 우울하게 많이 그렸다.

이 그림은 그가 그린 마지막 작품들 중에 포함된 것으로, 몸이 아팠던 시기에 집에서 기억과 상상으로 작업한 것이라고 한다.

그녀의 이름은 쉬종 *Suzon*이고, 카페 콩세르의 여종업원이다. 홀의 왁자지껄한 열띤 분위기가 은근히 거울을 통해 멀리 보인다. 샴페인 병들이 그림의 전면에 전시되어 있다. 동시에 나란히 맥주병도 보인다.

⟨스카겐에서 예술가들의 파티⟩

Peder Severin Krøyer

페데르 세베린 크뢰위에르(Peder Severin Krøyer, 1851~1909)는 덴마크의 자연주의 화가다. 한때 파리에 머물면서 인상파 화가 모네, 시슬리, 드가, 르누아르, 마네의 영향을 받았다. 그는 유럽 여행으로 많은 영감을 얻었다. 1882년 덴마크의 어촌 스카겐에 정착하여 예술가들과 파티를 하며 이곳의 자연에 푹 빠져 지냈다.

당시 화가들은 엄격한 분위기를 벗어나 자유롭게 토론하는 분위기로 파티를 즐겼다. 그림에서 흰 옷을 입은 미모의 부인과 어린 딸이 보인다. 모두 샴페인을 들고 파티를 위한 건배를 하고 있다.

〈배 위의 점심식사〉

Pierre-Auguste Renoir

세잔은 자연을 많이 그렸고, 르누아르는 사람을 많이 그렸다. 르누아르(1841~1919)의 터치는 동글동글하고 부드러우며, 분위기는 밝고 행복한 느낌이다. 와인과 샴페인이 지인들 사이에 놓여 있다. 작은 강아지에게 입맞춤하는 여인이 르누아르의 연인이다.

22 twenty-two

샴페인의 도시 랭스, 노트르담 대성당과 예술가들

_____

 샹파뉴의 평원에 있는 랭스 *Reims*는 아주 오랜 역사를 지니며, '샴페인의 전설'도 간직하고 있어 프랑스인의 마음을 일찍이 사로잡은 매력적인 도시다. 고딕 예술의 보석인 랭스의 노트르담 대성당은 파리의 노트르담 대성당과 많이 닮았지만, 그 규모는 훨씬 더 크다. 랭스는 '대관식의 도시', '왕의 도시'라고도 불렸다.

랭스 노트르담 대성당

　508년 크리스마스 날, 3000명의 전사들과 함께 프랑크 왕국의 초대 왕 클로비스 1세가 생 레미 주교에게서 세례를 받으며 이 기독교 도시에 경건함의 명성을 부여했다. 이후 프랑스의 거의 모든 왕들이 이곳 노트르담 대성당에서 대관식을 올렸다. 그중에서도 백년전쟁 도중에 랭스를 탈환한 잔 다르크 앞에서 샤를 7세가 대관식을 올린 것은 아주 유명하다.

쥘 외젠 르네프뵈, 〈잔 다르크와 샤를 7세〉

잔 다르크 시대에, 랭스는 수많은 각진 지붕의 집과 성벽이 있는 안전한 부르주아지의 도시였다. "아주 새롭고 하얀 대성당은 울어대는 양떼를 지키는 목동처럼" 오랫동안 이 도시를 지켜왔다. 축복을 받은 잔 다르크가 왕의 대관식을 위해 구불구불한 길 사이로 입성했을 때, 수많은 사람들이 용맹한 젊은 여전사와 왕을 보려고 구름같이 모여들었다고 한다.

프랑스 역사의 상징적 기념물인 노트르담 대성당은 13세기에 시작하여 수세기에 걸쳐 건립되었다. 성당의 조화로운 외관에는 다양한 표정의 많은 조각상들이 군데군데 있다. '미소 짓는 천사'는 밝고 따뜻한 이 마을 주민의 모습을 보여주는 듯하다.

미소 짓는 천사 　　　　대성당의 정면 현관

　철학자이자 문학가인 조르주 바타유(Georges Bataille, 1897~1962)는 "대성당의 정면 현관에 있는, 왕관을 쓴 성모상은 너무도 장엄하고 자애로운 어머니의 모습이다"라고 표현하기도 했다.

　제1차 세계대전이 발발한 1914년, 랭스는 독일군의 심한 폭격을 받았고, 대성당의 내부는 거의 파괴되었다. 랭스는 제2차 세계대전이 끝나는 1945년에는 독일군의 항복을 받아낸 곳이기도 하다.

　전쟁으로 폐허가 된 대성당은 1954년에 완전히 복원되었으며, 일부 스테인드글라스 창문은 현대 예술가의 새로운 디자인으로 교체되었다.

여기엔 초현실주의 화가 마르크 샤갈(Marc Chagall,1887~1985), 독일 추상화가 이미 크뇌벨(Imi Knoebel, 1940~), 스테인드글라스 예술가 자크 시몽(Jacques Simon, 1875~1965) 등이 디자인한 스테인드글라스 창문들이 포함된다.

샤갈이 디자인한 '사이양 *Saillant* 예배당'의 창에는 대성당의 역사에서 중요한 사건인 클로비스의 세례, 루이 9세와 샤를 7세의 대관식 등이 담겨 있다. 샤갈은 "우리의 삶에는 오직 한 가지의 색채만이 있다. 그것은 바로 '사랑의 색채'이다." 라고 했다. 그는 대성당에 '사랑의 색채'를 잘 담아낸 것 같다.

사이양 예배당의 스테인드글라스

클로비스의 세례

크뇌벨이 디자인한 창문은 샤이양 예배당의 양쪽에 있는데, 왼쪽에 있는 것은 잔 다르크 예배당이다. 크뇌벨의 스테인드글라스는 대성당 초기의 색채, 즉 오래된 색채로 단순하고 추상적인 새로운 표현을 하여 과거와 현재의 영속성을 보여준다. 프랑스와 독일의 '화해' 차원에서 그는 작품을 무상으로 기부했고, 제작비는 독일 외무성이 부담했다. 2003년 그는 서울 갤러리 현대의 '독일 현대미술 3인전'에 초청되기도 했다.

이미 크뇌벨 최근 작품
⟨Bild 29.11.2019-4⟩, ⟨LUEB Go⟩

잔 다르크 예배당

샴페인 스테인드글라스

천사의 팡파레 모습

돔 페리뇽과 마을 교회들

자크 시몽이 디자인한 '샴페인 스테인드글라스'는 12개 이상 국가의 샴페인 애호가들의 기부금으로 샹파뉴 와인 동업조합이 의뢰한 작품이다. 쟈크 시몽은 포도재배에 대한 많은 자료수집을 한 후 중세의 유리 스타일로 만들었다.

포도재배자의 수호성인 생 뱅상(Saint Vincent, 1890~1974, 수도사)과 와인 제조자의 수호성인 세례 요한(Saint Jean-Baptiste)의 보호 아래 샹파뉴 와인을 준비하고 만드는 여러 단계를 보여준다.

세 개의 창문 중에서 왼쪽 창은 포도재배, 가운데 창은 포도수확, 오른쪽 창은 포도즙을 짜고 발효하여 와인을 만드는 모습들이다. 그들 사이에 오빌레의 수도사 돔 페리뇽도 보인다.

각 창의 테두리에는 샴페인 마을의 약 40개의 교회와 마을 풍경, 와인 제조를 위한 도구와 와인을 담는 항아리가 있다. 천사가 팡파레를 하는 모습에서 와인을 만드는 모든 과정이 중요한 축제임을 보여준다.

1991년 랭스의 노트르담 대성당은 생 레미 수도원, 주교의 거주 공간이었던 토 *Tau* 궁전과 함께 유네스코 세계문화유산에 등재되었다.

랭스는 프랑스의 역사뿐만 아니라 샴파뉴 와인의 역사에서도 중요한 역할을 해왔다. 프랑스의 왕들이 노트르담 대성당에서 대관식을 올린 후 개최되는 축연에는 반드시 와인과 샴페인이 등장했다. '왕의 와인'으로서 '샴페인의 전설'은 여기에 뿌리를 두고 있다. 대성당의 북쪽 문 위에 와인의 나무통(토노)을 축성하는 주교의 모습이 조각으로 표현되어 있는데, 이 또한 샴파뉴 와인의 중요성을 보여준다.

생 레미 주교가 와인의 나무통(토노)을 축성하고 있다

포도원의 언덕으로 둘러싸인 랭스는 주변의 에페르네와 아이와 함께 유명한 샴파뉴 와인의 생산지역이다. 랭스에는 뤼나르, 뵈브 클리코, 테탱제와 같은 유명한 샴페인 하우스들이 있다. 도시의 지하에는 총 20km가 넘는 상징적인 석회암 동굴들이 있다. 옛 석회암 동굴은 10세기 이후 도시 건설을 위한 채석장이었다고 한다. 석회암 동굴은 서로 연결되어 있기도 하고 높이가 최대 50m에 이르며, 실제로 보면 규모가 대단하다.

많은 샴페인 하우스는 이 공간을 샴페인의 숙성과 보관 장소로 활용하고 있다. 온도(10~12℃)와 습도(90~100%)는 샴페인에 이상적인 숙성 조건을 제공한다.

와인 셀러가 된 지하 저장고는 샹파뉴 지방의 상징이 되었고, 샹파뉴의 언덕, 집과 함께 2015년 세계문화유산에 등재되었다.

랭스 거리

23 twenty-three

앙리 4세와 아이 와인, 볼랭제 샴페인

아이 *Aÿ*는 프랑수아 1세의 통치 때 궁정의 특혜를 받기 시작했고, 앙리 4세의 통치 때에는 '아이 와인', '신의 와인'으로 유명해졌다.

교황 레오 10세, 신성로마제국 황제 카를 5세, 프랑수아 1세, 잉글랜드 왕 헨리 8세는 모두 와인 비축을 위해 아이 또는 아이 부근에 자신의 저택을 갖고 있었다. 심지어 이 군주들은 아이 와인을 마시는 것을 세상의 가장 중요한 일 중 하나로 여겼다고 한다.

이렇게 아이 와인은 16세기에서 17세기에 이미 샹파뉴 최고의 와인으로 대단한 명성을 누렸다. 17세기 중반에 영국 상인들이 발포성 샴페인을 만들기 위해 실험한 와인도 당시 가장 인기 있었던 아이 와인이었다.

멀리 마른 강이 보인다

아이는 천혜의 자연환경과 테루아를 갖고 있다. 아이 포도원은 햇빛에 많이 노출되고 물이 잘 흘러내리는 아주 가파르고 기복이 있는 지형이며, 큰 일교차는 포도가 서서히 익는 장점이 된다. 그리고 석회암 하층토는 항상 촉촉하여 물을 끊임없이 제공하고 열을 조절하는 기능까지 하여 고급 와인을 만드는 한 요소이기도 하다.

이렇게 물이 흐르는 계곡과 가파른 언덕 사이에서 이 도시의 포도재배는 17세기부터 중요한 경제활동이 되었다. 테루아의 특성에 부르주아들의 상업적 아이디어를 더하여, 아이는 당시 거품이 이는 '샴페인'이 아니라 '아이 와인 *vin d'Aÿ*'으로 많은 명성을 얻었다. 사실 거품이 이는 와인은 17세기 말부터 만들기 시작했다.

19세기 프랑스 낭만주의 작가 알프레 드 비니(Alfred de Vigny, 1797~1863)는 **"아이 와인의 거품 속에서 '행복의 섬광'이 빛난다"** 고 했다. 이 시기에 볼랭제 *Bollinger*, 되츠 *Deutz*와 같은 훌륭한 와인 상인들이 아이에 정착해 샴페인 와인의 생산과 판매를 촉진시켰다. 그 덕분에 아이는 빠르게 와인의 도시이자 상업도시가 되었다. 오늘날에도 여전히 아이는 우수한 포도원과 유명한 샴페인 하우스로 알려진 도시다.

아이의 중심지에 들어서면 작지만 정교한 중세 교회가 눈에 띈다. 생 브리스 *Saint-Brice* 교회는 15세기에 지어진 고딕 양식의 건물이다. 교회의 문기둥은 포도나무, 포도재배자 및 전설적인 동물로 장식되어 이채롭다.

| 생 브리스 교회

| 앙리 4세 축제 포스터

이 도시는 20년 이상 이어져 온 '아이-샹파뉴 *Aÿ-Champagne*의 앙리 4세 축제'로 유명하다. 2년마다 7월 초에 앙리 4세를 기리고 샴페인을 알리는 축제를 개최한다. 앙리 4세는 발포성 샴페인과는 관계없지만, 그 당시 아이에 포도 압착기를 소유했을 정도로 아이 와인의 열렬한 애호가였다. 어느 날 자신의 신임장을 보여주면서 자랑스럽게 귀족 작위를 자랑하러 온 스페인 대사에게 앙리 4세는 "나는 아이와 고네스 *Gonesse*의 군주요"라고 대응했다고 한다. 말하자면 '좋은 와인과 맛있는 빵의 군주'라고 한 것이다. 아이는 와인으로, 고네스는 밀 재배지로 특히 파리를 위한 빵 무역으로 유명한 마을이었다. 민생을 챙기는 왕다운 말이다.

당시 와인을 지나치게 마시는 앙리 4세에게 의사가 부르고뉴 와인보다는 좀 더 가벼운 와인을 마실 것을 권유했는데, 아이 언덕의 와인을 잘 알고 있던 그는 이 처방을 높이 평가하며 아이 와인을 더욱 즐겨 찾았다고 한다. 그는 아이 와인에서 복숭아 맛이 난다고 했다.

앙리 4세의 압착기

아이에는 주목할 만한 포도재배자의 집, '피에르 르뵈프 *Pierre Leboeuf*의 집'이 있다. 이 집에는 '앙리 4세의 압착기 *Pressoir Henri IV*'가 있다. 길에서 보면 목재 골조에 벽돌과 석재로 만들어진 특이한 모퉁이 집이다. 건물은 안뜰을 둘러싸고 있고, 내부에는 와인 양조에 사용했던 압착기가 있다.

이는 보통 길가에 위치해 있던 중세 시대 포도재배자 집의 전형적인 모습으로, 안뜰을 중심으로 다양한 생산 작업(포도수확물 처리부터 지하실에 와인의 저장까지)을 할 수 있는 여러 건물이 모여 있었다고 한다.

아이는 대중적으로도 유명한 볼랭제 와인의 생산지이다. 볼랭제 와인은 007 영화에 수차례 등장하여 '제임스 본드의 샴

볼랭제 하우스

볼랭제 셀러

볼랭제 와인

페인'이라 불리기도 했다. 영국 여왕 엘리자베스 2세(1926~2022)가 즐겨 마셨던 것으로 유명하며, 볼랭제 샴페인 하우스는 샴페인 하우스 중 가장 먼저 영국왕실인증서를 부여받기도 했다.

볼랭제 하우스의 역사는 1650년에 샹파뉴 포도원에 정착한 백작 에네캥 드 빌레르몽 *Hennequin de Villermont* 가문과 함께 시작된다. 그의 아들 아타나즈 루이 에네캥 *Athanase Louis Hennequin*은 1829년 와인 상인 자크 조셉 볼랭제 *Jacques Joseph Bollinger*와 폴 르노댕 *Paul Renaudin*과 힘을 합쳐 샴페인을 생산했다. 아타나즈 루이 에네캥 백작은 백작 가문의 명예를 위해 자신의 이름으로 샹파뉴 와인을 판매하는 것을 원치 않았다. 이로써 볼랭제-르노댕 하우스가 탄생했다.

폴 르노댕은 후손이 없었고(그의 이름은 1960년까지 레이블에 남아 있었다), 1920년 자크 조셉 볼랭제의 손자인 자크 볼랭제(Jacques Bollinger, 1894~1941)가 24세 때 하우스 경영을 이어받아 포도원을 확장하고 시설을 현대화했다. 영어를 잘하여 영국에서도 활발히 활동하며 하우스의 명성을 드높였던 그는 안타깝게도 1941년에 47세의 이른 나이로 사망하게 된다.

42세에 포도원을 물려받은 그의 아내 릴리 볼랭제(Lily Bollinger, 1899~1977)는 열성을 다해 포도원을 관리하며 볼랭제 하우스를 운영했다. 전통적인 샴페인 기술에 현대적인 양조 기술의 효율성을 결합했다. 볼랭제 샴페인은 수년 동안 숙성한 다음, 출시 직전에 가라앉은 찌꺼기를 제거하는 작업을 했다. 그 결과 더 투명해진 와인으로 큰 성공을 거두었다. 그녀의 스타일과 비전은 샹파뉴의 역사에 한 획을 그었다는 평가를 받는다.

볼랭제 샴페인에는 대표적으로 '스페셜 퀴베 *Special Cuvée*' 와 '라그랑드 아네 *La Grande Année*'가 있다.

밀도와 섬세함으로 유명한 '스페셜 퀴베'는 피노 누아·샤르도네·피노 뫼니에를 섞은 전통적인 샴페인으로 황금색을 띠며, 구운 사과·복숭아·아몬드·스모크의 향, 섬세한 산도와 매끄러운 질감을 지닌다.

수확이 좋은 해에만 생산되는 세계 최고 수준의 샴페인 '라그랑드 아네'는 피노 누아와 샤르도네로 만든 샴페인으로, 피노 누아의 강렬함과 샤르도네의 신선함 사이의 균형을 잘 보여준다. 황금색을 띠며 체리·레몬·헤이즐넛·아몬드·복숭아·자두의 향, 섬세한 산도, 미네랄 맛, 복합적인 풍미를 지닌다.

아이 마을(앙리 4세 얼굴 간판이 있다)

24 twenty-four

등대가 있는
아름다운 샹파뉴 마을 베르즈네

베르즈네 *Verzenay*는 랭스 산 북동쪽에 있고, 포도원으로 둘러싸인 언덕 마을이다. 바로 근처의 베르지 *Verzy* 마을과 함께 샹파뉴에서 예쁜 마을로 손꼽힌다.

16세기 중반부터 포도재배로 명성이 높았던 베르즈네와 베르지는 둘 다 1873년 최초의 샴페인 등급 분류에서 3개의 그랑 크뤼에 속했다. 이곳의 포도원은 오늘날 주요 샴페인 하우스가 소유하고 있으며, 특히 뛰어난 품질의 피노 누아로 유명하다. 포도원 면적의 약 1/3에는 샤르도네가 심어져 있다.

샤르도네

베르즈네 마을

거미 작품 〈마망〉
Louise Bourgeois (1911~2010)
―
빌바오 구겐하임 미술관

상파뉴 지방을 여행하면서 저 광활한 포도밭을 어떻게 가지치기 할까, 궁금했다. 우연히 크고 높은 바퀴의 차가 긴 다리의 거미처럼 포도밭 사이로 다니며 가지치기를 하고 있는 것을 보았다. 그래서 포도나무는 저 차가 다닐 수 있도록 간격은 넓게, 그리고 병정처럼 줄을 서 있게 되었구나. 다리 긴 거미를 보며 이 유용한 가지치기 차를 고안한 것일까.

베르즈네 마을에 가까이 다가가면, 멀리 마을 언덕 위에 서 있는 등대가 보인다. 이곳에 어떻게 등대가 세워졌을까. 1909년 와인 상인 조셉 굴레 *Joseph Goulet*는 샴페인을 광고하기 위해 자신의 포도원 속 언덕에 등대를 세웠다. 저녁에 등대불이 켜지면 멀리 랭스에서도 보일 만큼 밝게 베르즈네 언덕을 비추었다. 이 지역에서 철근 콘크리트로 지어진 최초의 건물 중 하나였다.

멀리 베르즈네의 등대가 보인다

등대 박물관　　　　　　　　　　　1909년의 등대

　등대 기슭의 별관에는 레스토랑과 선술집이 있었다. 이곳은 랭스와 에페르네 주민들의 만남의 장소가 되었고, 특히 20대 젊은이들에게 엄청 인기가 있었다고 한다.

　제2차 세계대전 중에 별관은 폭격으로 모두 파괴되었지만, 관측소로 사용되었던 철근 콘크리트의 등대는 살아남았다.

　오랫동안 등대는 초목이 무성한 황폐한 건물로 버려져 있다가, 1987년 베르즈네 지방자치단체가 샴페인 하우스의 소유주로부터 이 등대를 구입하여 1999년 '포도나무 박물관'으로 개관했다.

포도원 복구 작업

등대 박물관에 있는 포도나무와 압착기

400헥타르의 포도원 중심에 있는 등대 박물관은 베르즈네의 상징이 되었다. 약 100개의 완만한 원통형 계단을 오르면서 벽에 전시해 놓은 포도나무의 역사를 보다보면 어느새 베르즈네의 아름답고 드넓은 포도밭을 전 방향으로 볼 수 있는 전망대에 도달한다. 박물관에서는 샴파뉴 와인의 생산과정에 대한 상세한 정보를 얻을 수 있다.

25 twenty-five

환대와 화려함의 '모엣샹동'

샹파뉴 가로수 길

에페르네 *Épernay*는 몽타뉴 산과 코트 데 블랑 *Côte des Blancs*(블랑 언덕) 사이로 흐르는 마른 강 옆의 매력적인 작은 도시다. 이곳에는 유명한 샴페인 하우스가 많이 집결되어 있다. 아브뉘 드 샹파뉴 *Avenue de Champagne*(샹파뉴 가로수 길)를 따라 즐비하게 들어선 호화로운 저택들은 명문 샴페인 하우스의 본사들이다.

이들 하우스 중에 세계적으로 유명한 샴페인 하우스 모엣 샹동 *Moët & Chandon*이 있다.

샹파뉴 가로수 길에 있는 와인 박물관

모엣 샹동 하우스

모엣 샹동 샴페인 하우스는 건축가의 아들인 클로드 모엣 *Claude Moët*에 의해 처음 시작되었다. 1717년에 그는 이 마을에 정착하여 포도원 관리인으로 일하다, 1743년 와인 회사 '모엣 에 시 *Moët et Cie*'를 설립하여 직접 만든 와인을 파리로 운송하기 시작했다. 그가 배송하는 와인 중에 '스파클링 화이트 와인'은 궁정과 귀족을 위한 것이었다. 그 당시 클로드 모엣의 일기장에는 가장 유명한 고객으로 퐁파두르 부인의 이름이 등장한다. 루이 15세의 정부였던 퐁파두르 부인은 매년 여름에 클로드 모엣에게 최고의 샴페인 120병을 주문했다고 한다.

이때부터 모엣 샴페인은 유럽 궁정과 저명인사들이 모여드는 살롱에서 유명해졌다. 클로드 모엣의 아들인 클로드 루이 니콜라는 품질에 대한 하우스의 명성을 유지하려고 노력했고, 손자인 장 레미(Jean-Rémy, 1758~1841)는 한 걸음 더 나아가 세계 정복을 꿈꾸기 시작했다.

1792년부터 장 레미는 아버지의 유산인 모엣 하우스의 발전을 위해 먼저 많은 여행을 했다. 그리고 샴페인의 발효와 숙성을 과학적으로 연구하고, 끊임없이 새로운 기술을 실험하여 샴페인의 품질 향상에 힘썼다.

뿐만 아니라 포부르 드 라폴리(지금의 아브뉘 드 샹파뉴)에 '프티 트리아농'과 자신의 모엣 저택 및 하우스를 지었다. '프티 트리아농'은 황제 나폴레옹과 황후 조제핀이 방문할 때 머무를

프티 트리아농　　　　　　　　　　　　옛 프티 트리아농

수 있도록 지어졌고, 나폴레옹은 1807년과 1814년에 이곳에서 머물렀다. '프티 트리아농'은 베르사유 궁전의 '그랑 트리아농'을 모방한 것이라고 한다.

이 아름다운 저택들은 모엣 가문의 성공을 보여주기 위한 것만은 아니었다. 장 레미는 고객, 공급업자와 유통업자들을 자기 집으로 초대했다. 샴페인이란 가족이나 친구와 함께 기쁨과 즐거움을 나누는 파티의 필수 음료인 동시에 환대를 더욱 빛나게 하는 것임을 직접 보여주었다.

1790년부터 하우스는 이 '환대의 철학'을 더욱 발전시켜 나갔다. 1802년 에페르네 시장이 된 장 레미는 유력한 인물들을 더 많이 환대하게 되었다. 이들은 자연스럽게 그의 고객이 되었고, 이들 중에는 황제 나폴레옹, 왕자, 외교관, 부유한 사업가들이 있었다.

샹파뉴 가로수 길 벽의 광고판, 나폴레옹과 장 레미의 만남

나폴레옹은 샹파뉴의 군사학교에 와인을 납품하던 장 레미를 처음 만났다. 이후 두 사람은 자주 연락을 하며 지속적인 우정을 쌓았다. 나폴레옹은 군사 작전 중에도 샴페인을 구입하기 위해 에페르네에 있는 모엣 와이너리를 들르기도 했다. 나폴레옹은 **"승자는 샴페인을 마실 자격이 있고, 패자는 샴페인이 필요하다"**고 했다. 그는 샴페인과 샹베르탱 와인의 애호가였다.

당시 나폴레옹 군대와 러시아, 프로이센의 연합군과의 전투가 계속되었는데, 1814년 3월 나폴레옹은 랭스에서 승리를 거둔 후 가까운 에페르네에 도착했다. 전날 에페르네의 수비대와 주민들은 러시아 군대와 프로이센 군대를 물리쳤고, 나폴레옹은 이 고마움에 보답하기 위해 그들의 시장 장 레미 모엣에게 프랑스 최고의 레지옹 도뇌르 훈장을 수여했다. 이로써 장 레미 모엣의 명성은 샹파뉴 와인의 명성만큼이나 유럽에 알려지게 되었다. 나폴레옹은 오늘날까지 모엣 샹동과 연결되어 있다.

1816년 장 레미 모엣의 딸 아델라이드와 피에르 가브리엘 샹동이 결혼한 후, 1833년 하우스 이름은 '모엣 & 샹동'으로 바뀌었다. 1840년에 빈티지 샴페인 개념을 도입한 후, 모엣 샹동은 상업적 성공을 거두고 최고 등급에 오르게 되었다. 당시 모엣 샹동은 나폴레옹의 이미지를 입혀 '힘과 위대함은 탁월함에서 나온다'는 슬로건을 내세웠다. 이는 하우스가 최고만을 지향하고 화려하게 빛나는 방식이다.

1863년 하우스는 나폴레옹이 즐겨 마신 샴페인을 기념하여 퀴베 샴페인에 붙일 '황제 *Impérial*'라는 명칭을 생각해 내어 '모엣 샹동 *Brut Impérial*'을 출시했다.

1921년에는 우리에게 가장 잘 알려진 레이블인 '돔 페리뇽 *Dom Pérignon*'이 탄생했다. '샴페인의 아버지'로 기억되는 돔 페리뇽에게 경의를 표하기 위해 그의 이름을 따서 명명되었다.

돔 페리뇽의 첫 번째 빈티지인 1921년산은 15년이 지난 1936년에 크리스마스와 새해 연휴를 겨냥해 뉴욕에 도착했다. 이 유명하고 희귀한 샴페인은 전 세계에 센세이션을 일으켰다.

많은 예술가, 영화 제작자, 배우, 작가들은 돔 페리뇽에 대한 이야기를 계속 이어갔다. 배우 엘리자베스 테일러, 〈티파니에서 아침을〉의 작가 트루먼 카포티, 배우 겸 영화 감독 오슨 웰스, 팝 아티스트 앤디 워홀, 디자이너 크리스티앙 디오르, 패션 디자이너 칼 라거펠트 등.

앤디 워홀

마를레네 디트리히

1930년에 개봉한 독일 흑백 영화 〈푸른 천사〉로 유명해진 할리우드의 배우이자 가수인 마를레네 디트리히(1901~1992)는 "샴페인은 놀라운 힘을 갖고 있습니다. 샴페인은 당신에게 더 나은 날이 매우 가까이 있는 것처럼 느끼게 합니다. 어느 가을 햇살 아래 파리 레스토랑의 테라스에서 아주 멋진 잔에 시원한 돔 페리뇽 한 잔을 마실 수 있다면, 당신은 세상에서 가장 신성한 사람처럼 느낄 것입니다."라고 했다.

마릴린 먼로(1926~1962) 역시 그녀만의 방식으로 돔 페리뇽을 사랑했다. 1959년 뉴욕의 한 파티에서 마릴린 먼로는 군중을 헤치고 나가며 손에 쥔 샴페인 잔을 작가인 한스 요르겐 렘본에게 건네며 "여기요, 나는 나 자신을 위해 다른 것을 찾을 거예요. 내가 좋아하는 돔 페리뇽입니다."라고 했다. 그리고 돔 페리뇽과 함께 차를 타고 종적을 감추기도 했다.

마릴린 먼로

젊은 시절의 칼 라거펠트

돔 페리뇽

돔 페리뇽의 원칙은 기본적으로 피노 누아와 샤르도네 품종의 9가지 크뤼(와인)를 처음부터 블렌딩하여 보통 7년 내지 8년 동안 숙성시키는 것이다. 그런데 2000년에 셀러 마스터 리샤르 조프루아 *Richard Geoffroy*가 외노테크 *Œnothèque*라는 와인 저장고에 보관된 오래된 빈티지 컬렉션을 출시하면서 돔 페리뇽 역사의 새로운 장을 열었다. 오래된 빈티지부터 순서대로 맛과 향을 다르게 표현하며 출시하는 이벤트를 선보인 것이다.

피노 누아와 샤르도네 품종의 절묘한 균형, 즉 강렬함과 신선함이 함께 만들어낸 브리오슈·감귤류·꿀·달콤한 향신료의 향을 지니는 돔 페리뇽은 12년에서 15년, 때때로 20년이 지나면 몰트(맥아)와 초콜릿 향을 보태어 훨씬 더 깊이 있고 강렬한 품질의 와인이 된다. 그리고 30년이 지나면 또 다른 와인으로 재탄생한다.

2006년에 모엣 샹동은 화려한 스와르브스키 크리스탈 장식으로 '*Brut Impérial Be Fabulous*'라는 이름의 샴페인을 극히 한정적으로 선보였다.

Brut Impérial Be Fabulous

모엣 샹동 하우스는 2006년 LVMH가 인수했으며, 현재 1,190헥타르의 광대한 포도원을 소유하고 있다.

모엣 샹동 하우스의 본사 앞마당에는 오빌레 수도원에서 옮겨온 샴페인 병을 들고 있는 돔 페리뇽 수도사의 동상이 있다.

모엣 샹동 하우스 본사 입구

프랑스 대혁명 이후 폐허로 방치되었던 오빌레 수도원은 모엣 샹동에 의해 1832년에 일부 복원되었고, 2023년에도 여전히 복원 중이다. 현재 모엣 샹동이 이 수도원을 소유하고 있다.

깊이 10~30m의 석회암 동굴에 있는 약 28km의 모엣 샹동 셀러는 샹파뉴 지역에서 가장 큰 규모이다. 10~12°C로 유지되는 이 셀러는 숙성 중인 와인을 보관하기에 완벽하다.

뵈브 클리코의 석회암 동굴은 천장이 높고 하늘이 보이는 환기창이 곳곳에 있는 반면, 모엣 샹동의 석회암 동굴은 천창이 없고 뵈브 클리코의 것보다 직선적인 형태이다. 전체적으로 잘 다듬어져 있고, 모엣 샹동의 역사적인 와인이 멀리 한 병씩 전시되어 있다.

　모엣 샹동의 핑크빛과 금빛, 은빛의 고급스러운 장식으로 꾸며진 공간들, 화려한 매장과 전시실, 야외 시음 공간 등의 전체적인 분위기에서 장 레미가 추구한 화려한 '환대의 철학'이 그대로 이어져 오는 듯했다.

와인 시음은 연못이 있는 정원에서 편안하게 둘러앉아서 진행되었고, 화기애애한 분위기 속에서 샴페인의 향과 색, 보글보글 피어오르는 기포를 보며 음미하는 즐거운 시간이었다.

시음한 모엣 샹동 와인

모엣 샹동 본사 저택과 정원

26 twenty-six

돔 페리뇽과 예술가들의 컬래버레이션

모엣 샹동은 돔 페리뇽의 세계적인 인기에 걸맞게 유명한 예술가와 컬래버레이션(collaboration, 협업)하여 빈티지에 따라 희귀한 디자인을 시도하며 다양한 제품 라인을 소개하고 있다.

2008년 돔 페리뇽 1998년 빈티지를 출시할 때 패션 디자이너계의 전설인 칼 라거펠트(Karl Lagerfeld, 1933~2019)가 세계적인 모델 클라우디아 시퍼(독일), 헬레나 크리스텐센(덴마크), 에바 헤르지고바(체코) 등과 사진 광고 캠페인을 벌이며, 관능적인 매력과 럭셔리한 아름다움을 표현했다. 이후에도 그는 여러 시즌에 걸쳐 돔 페리뇽의 사진 광고 캠페인을 계속했다.

에바 헤르지고바

스위스의 현대 예술가인 실비 플뢰리(Sylvie Fleury, 1961~)는 '쇼핑'이 그녀의 작품 주제이며, 자신은 '쇼핑광'이라고 했다. "내가 산 물건이 나의 정체성을 대변한다"라는 그녀의 말처럼 플뢰리는 일상적 사물을 예술 작품으로 탄생시킨다. 2009년 돔 페리뇽을 위해 '러브 기프트 박스'를 만들었다. 2000년 광주 비엔날레의 초청 작가이기도 하다.

러브 기프트 박스

2010년 호주의 산업디자이너이자 예술가인 마크 앤드류 뉴슨(Marc Andrew Newson, 1963~)은 2000년 빈티지의 돔 페리뇽을 위해 외부 충격으로부터 보호되고 온도를 일정하게 유지되게 하는 플라스틱의 '돔 페리뇽 블랙박스'를 만들었다.

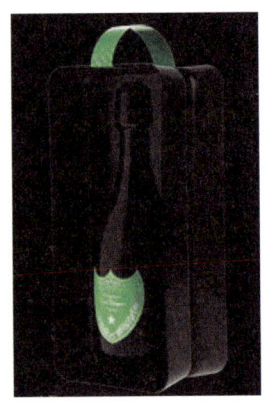

돔 페리뇽 블랙박스

20세기를 대표하는 팝 아티스트 앤디 워홀(Andy Warhol, 1928~1987)은 돔 페리뇽의 특별함과 매력에 사로잡힌 열렬한 애호가로 알려져 있다. 이에 착안하여 2010년 영국의 세계적인 예술대학교 센트럴 세인트 마틴 *Central Saint Martins*에서 앤디 워홀의 실크스크린 기법으로 그의 예술적 특성을 살려 돔 페리뇽 2000년 빈티지 레이블을 디자인했다. 이 빈티지는 '돔 페리뇽 앤디 워홀 컬렉션' 한정판으로 출시되었다.

돔 페리뇽 앤디 워홀 컬렉션   2012년 돔 페리뇽의 레이블과 박스

칸 영화제에서 〈광란의 사랑〉(1990)으로 황금종려상을 받았던 영화감독 겸 제작자인 데이비드 린치(David Lynch, 1946~)는 2012년 돔 페리뇽의 레이블과 박스를 만들었다. '창조의 힘'이라는 컨셉의 새로운 디자인은 돔 페리뇽 2003년 빈티지와 로제 2000년 빈티지에 적용되었다. 영화가 시작되기 전 관객의 호기심을 불러일으키는 스크린처럼 신비한 박스의 느낌을 준다.

사람들이 좋아하는 것을 만드는 팝 아티스트이자 미니멀 아티스트인 미국인 제프 쿤스(Jeff Koons, 1955~)는 스테인레스 스틸로 제작한 조각품 〈토끼〉, 〈강아지〉, 〈풍선 개〉, 〈튤립〉 등으로 유명하다. 그는 "나는 낭만적인 예술가이다. 지치지 않고 삶의 에너지와 기쁨을 찾는 사람이다."라고도 했다. 2013년 돔 페리뇽은 제프 쿤스와 협업했다. 그는 오스트리아 비엔나 자연사 박물관에 전시된 원시미술 작품〈빌렌도르프의 비너스〉에서 착안하여〈벌룬 비너스〉라는 이름의 컬러 조각상을 만들었는데, 이 동상 모양에서 또 다른 변형으로 스페셜 기프트 박스를 내놓았다. 여기에는 돔 페리뇽 로제 2003년 빈티지와 2004년 빈티지가 담겨 있다.

〈빌렌도르프의 비너스〉

〈벌룬 비너스〉

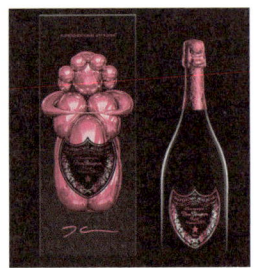
스페셜 기프트 박스

〈강아지〉
Jeff Koons

〈튤립〉
Jeff Koons

음악과 패션, 디자인 등의 예술 분야에서 독특한 스타일로 유명한 미국의 기타리스트이자 싱어송라이터인 레니 크라비츠(Lenny Kravitz, 1964~)는 2019년 돔 페리뇽 2008년 빈티지 레이블을 디자인했다. 방패 모양의 금빛 표면을 망치질하여 파티 분위기를 연출했다. 사진에서도 특별한 재능을 발휘한 그는 흑백 사진을 고수했다.

레니 크라비츠와 돔 페리뇽

레니 크라비츠가 찍은 돔 페리뇽 광고 사진

미국의 음악가, 싱어송라이터이자 배우인 레이디 가가(Lady Gaga, 1986~)는 창의적이고 파괴적이며 실험적인 작품으로 활동하는 것으로 유명하다. 2021년 돔 페리뇽과 레이디 가가의 컬래버레이션은 돔 페리뇽이 추구하는 컨셉 '창조의 힘'을 잘 보여주었다. 돔 페리뇽 2010년 빈티지 레이블은 환상적인 이미지가 돋보인 디자인이다.

레이디 가가

돔 페리뇽 2010년 빈티지

27 twenty-seven

노란색 레이블로 유명한 뵈브 클리코 샴페인

유명한 뵈브 클리코 퐁사르댕 *Veuve Clicquot Ponsardin*은 250년 동안 혁신과 대담함을 보여준 샴페인 하우스이다. 이 샴페인 하우스는 1772년 랭스의 직물 상인인 필립 클리코 뮈롱 *Philippe Clicquot-Muiron*에 의해 설립되었다. 그의 아들 프랑수아 클리코가 1805년에 갑자기 질병으로 사망한 뒤, 미망인이 된 바르브 니콜 퐁사르댕(Barbe-Nicole Ponsardin, 1777~1866)이 27세에 이 하우스를 물려받았다.

여성의 권리가 거의 없었던 시대에, 이 대담한 여성은 '단 하나의 품질, 최고'라는 자신의 모토에 따라 창의성을 발휘했다. 마담 클리코는 1810년에 최초의 빈티지 샴페인을 만들었고, 1816년에는 최초의 '리들링 테이블'을 발명했다. 그리고 1818년에는 레드 와인과 화이트 와인을 혼합하여 최초의 '블렌딩 로제 샴페인'도 생산했다.

그녀는 현대적인 샴페인 병의 형태와 레이블의 디자인에도 기여했다. 1828년 샴페인을 담을 용기를 완성하면서 오몽 유리공장의 다르슈 씨에게 이렇게 썼다. "우리 와인은 미각과 눈 모두를 만족시켜야 합니다." 모스크바 와인 상인에게도 레이블 디자인에 대한 자신의 단호함을 표현하는 편지를 썼다. "내가 고수하는 단순함은 우아함을 지니며, 이는 나의 병을 독특하게 할 것입니다."

마담 클리코는 대담함과 도전의 정신으로 계속 사업을 확장했다. 나폴레옹이 모스크바를 침공했던 전쟁(1812년) 동안에도 유럽은 물론 특히 러시아 제국의 왕실에 뵈브 클리코 샴페인을 확산시키는 데 전념했다. 러시아 제국의 황제 알렉산드르 1세는 뵈브 클리코 퐁사르댕 샴페인을 자신이 마실 유일한 와인이라고 말하기도 했다. 그녀의 노력과 함께 샴페인은 유럽의 상류사회와 귀족들이 선호하는 음료로 자리 잡기 시작했다.

전쟁이 끝나고 러시아 제국이 프랑스와의 무역을 봉쇄했던 때에도, 그녀는 틈을 비집고 들어가 러시아 왕실에 최고급 와인을 들여보냈다. 러시아에서는 독한 보드카 대신 부드럽고 달

1900년대 뵈브 클리코 퐁사르댕 샴페인 광고

1989년 라그랑드 담 샴페인 뉴욕 광고
'광기가 없으면 인간은 더 초라해진다'

달한 이 와인이 급속히 퍼져 나갔다.

당시 마담 클리코는 근대 최초의 위대한 여성 기업가 중 한 명으로 간주되었고, 전 세계에 샴페인을 확산시켰던 공로로 '샹파뉴의 위대한 여성 *la Grande Dame de la Champagne*'이라 불렸다. 영국 여왕 엘리자베스 2세의 왕실은 볼랭제, 모엣 샹동 등과 함께 뵈브 클리코를 왕실의 샴페인으로 승인했다.

마담 클리코의 창조적인 정신이 계속 이어져, 그녀의 사망 후 1877년에 '뵈브 클리코 퐁사르댕'의 상징이 된 짙은 노란색 레이블이 만들어졌다. 현재 샴페인 세계에서 가장 잘 알려진 이 짙은 노란색은 어디에서나 강렬히 튀는 '도전'의 느낌이 있다.

쿠사마 야요이가 디자인한 라그랑드 담

베르지 마을

베르지 *Verzy*에는 최고의 포도밭을 갖고 있는 마담 클리코의 아름다운 저택이 있다. 하우스의 또 다른 유산인 이 베르지 저택은 현재 리셉션으로, 뵈브 클리코의 유명한 퀴베인 '라 그랑드 담 *La Grande Dame*'의 시음을 위해 이곳을 찾는 귀빈들을 맞이하는 장소가 되었다. 이곳은 때때로 '예술가의 레지던스'로 사용되기도 한다.

1972년 뵈브 클리코 하우스의 창립 200주년과 동시에 라 그랑드 담의 첫 번째 빈티지 출시를 기념하여 '여성 기업가 상'이 제정되었다. 그것은 마담 클리코에게 경의를 표하는 것이었다. 첫 수상자는 토목건설 기업가 지펠피코였고, 지금까지 한국인도 2명이 있다.

베르지 저택(위) | 옛 베르지 저택(아래)

베르지 저택은 매년 6월 수상자들을 맞이한다. 하우스는 그들의 이름을 딴 베르지 포도나무 한 그루를 그들에게 헌정하고, 매년 그들의 생일을 맞아 라그랑드 담 한 병을 선물한다. 이런 행사를 통해, 뵈브 클리코는 정체성을 보다 잘 드러내는 듯하다.

마르크 저택

창의적인 예술 작품과 디자인으로 전면적인 보수 작업을 거친 랭스의 연노란색의 단정한 마르크 저택과 마찬가지로, 노란색 꽃으로 뒤덮인 베르지 저택은 '뵈브 클리코 노란색'이 상징하는 여성스러움과 에너지, 우아함과 대담함의 집합을 보여준다.

뵈브 클리코 리셉션

뵈브 클리코에는 랭스의 샴페인 하우스답게, 약 24km에 이르는 거대한 규모의 석회암 동굴 *Crayères* 셀러가 있다. 지하 셀러는 적정 온도(약 9℃)와 습도(90~100%)를 유지하여 와인 숙성에 최고의 환경이 된다. 실제로 석회암 동굴 벽을 만져보면 물기가 배여 촉촉하고 차갑다. 랭스의 석회암 동굴 셀러들이 2015년 세계문화유산에 등재될 때 뵈브 클리코의 석회암 동굴 셀러와 포도원과 저택도 포함되었다.

이곳에서 특히 주목할 만한 것은 '리들링 테이블'이다. 리들링 테이블을 사용하면 샴페인을 맑고 투명하게 만들 수 있다.

셀러 입구, 문을 열면 깊고 웅장한 내려가는 계단이 바로 나타난다

석회암 동굴 천장의 환기통 　　　최고 빈티지 연도를 새겨놓은 출구 계단

와인 병을 비스듬히 꽂아 보관하면서 6주에서 8주 동안 병을 부드럽게 흔들고 매일 1/4씩 돌려서 침전물을 병목에 모이게 한다. 그리고 병 속의 압력을 이용하여 병목에 모인 침전물을 튀어 나오게 하거나 특별히 만들어진 집게로 재빨리 빼낸다.

오늘날에는 기계식 리들링 테이블 작업이 끝나면 -27℃로 냉각된 특수 액체에 병을 거꾸로 세워 병목을 재빨리 얼린 후 침전물이 섞인 얼음을 빼낸다. 여기서 더욱 발전하여 이젠 얇은 캡슐을 병목에 넣어 침전물이 캡슐과 함께 얼면 캡슐을 잡

리들링 테이블 　　　　　　기계식 리들링 테이블 (1966년에 도입)

아당겨 빼낸다. 이런 모든 과정이 자동화되었다. 그리고 줄어든 양만큼 리큐어(와인과 설탕의 혼합물)로 채운다.

이 리들링 테이블을 통해, 뵈브 클리코는 다른 샴페인 하우스보다 더 맑은 고품질의 샴페인을 더 빨리 생산하여 전 세계에 수출할 수 있었다.

뵈브 클리코 포도원

설립자였던 필립 클리코는 베르지와 베르즈네 근처에 있는 포도원을 소유했었다. 1804년 그의 아들 프랑수아 클리코는 할머니 뮈롱으로부터 부지 *Bouzy*에 있는 포도원을 물려받았다. 그래서 마담 클리코는 베르지, 베르즈네, 부지 주변에 99에이커(40헥타르)의 고품질 포도나무를 모두 소유하게 되었다.

자신의 포도원을 설립했을 때, 그녀는 100% 크뤼 등급으로 분류된 땅(베르지, 베르즈네, 부지)에만 포도나무를 심을 정도로 품질 향상에 정성을 기울였다. 1987년 LVMH(모엣 헤네시 루이비통) 기업이 뵈브 클리코를 인수하여 관리하게 된 후 현재 하우스는 971에이커(393헥타르)의 포도원을 소유하고 있다.

지하 셀러에서 시음

250주년 기념 뵈브 클리코

뵈브 클리코의 샴페인은 계속해서 피어오르는 기포로 화려하면서도 우아한 여성적인 느낌과 함께 신선한 맛과 바닐라·배·레몬 향을 지닌다.

최고의 환경에서 재배하고 그중에서도 좋은 품질의 포도로만 만든 '라그랑드 담'은 뵈브 클리코 최고의 샴페인이다. 적당한 산도, 복숭아·살구 향, 견과류 향과 함께 정제된 느낌이 든다.

Occitani

chapter 04.

Occitani
옥시타니

———
"와인은 적당히 마시면 가장 건강하고 가장 위생적인 음료이다" - 루이 파스퇴르

28 twenty-eight

자연을 담은 옥시타니 와인

옥시타니 지도
map of Occitani

───────

　파리에서 보르도로 가는 TGV 열차가 밀밭 평원의 중심을 달렸다면, 자동차로 지중해 해안을 따라 카르카손 *Carcassonne*·나르본 *Narbonne*·베지에 *Béziers*·몽펠리에 *Montpellier*로 가는 길은 포도밭 평원의 중심을 달리는 듯했다. 프랑스 남부 지역인 옥시타니 *Occitanie*가 왜 프랑스 와인 생산량의 1/3 이상을 차지하는지를 실감했다.

옥시타니는 2016년 행정구역 개편으로 툴루즈가 중심 도시인 미디 피레네 *Midi-Pyrénées*와 몽펠리에가 중심도시인 랑그독 루시용 *Languedoc-Roussillon* 지역을 통합하여 탄생했다.

옥시타니의 포도재배 역사는 2500년이나 된다. 특히 갈리아 최초의 포도원은 베지에와 나르본이라는 이 두 도시 주변에서 발전해 왔으며, 17세기 말부터 옥시타니 지역은 프랑스의 중요한 포도재배지가 되었다.

이곳은 여름엔 고온 건조하고 겨울엔 온화한 지중해성 기후로 1년 중 맑은 날이 무려 320일이나 되고, 석회질 점토·편암·사암 등 다양한 토양은 포도재배는 물론 과일, 꽃, 겨울 채소 재배에 매우 적합하다. 이러한 환경으로 포도 수확량은 계속 증가했다. 와인 평론가 잰시스 로빈슨(Jancis Robinson, 1950~)에 따르면 20세기 동안 이 지역에서 세계 와인 10%가 생산된 것으로 추정된다.

1980년대에 이곳 포도재배자들은 이제까지의 엄청난 수확량을 스스로 통제하고, 수확량보다 와인 품질 향상에 힘을 기울였다. 오늘날 이들은 다양한 포도품종에 대한 실험을 하며 친환경 유기농업으로 와인을 생산한다.

옥시타니 와인은 보르도처럼 세련되지도, 부르고뉴처럼 섬세하지도 않지만, 포도 자체의 자연스러움을 지닌다. 옥시타니는 무한한 가능성을 지닌 프랑스의 떠오르는 와인 생산 지역이다.

29 twenty-nine

음유시인과 로망스

로마인은 기원전 122년에 엑상프로방스를 건설했고, 기원전 118년에는 나르본을 건설했다. 당시 나르본은 이탈리아와 스페인을 연결하는 갈리아 최초의 로마 도로인 '비아 도미티아 *Via Domitia*'에 위치해 있었다.

나르본은 기원전 22년 아우구스투스 황제의 통치 때 로마의 속주인 '갈리아 나르보네즈'의 수도였으며, 9세기부터는 프랑스 남부의 종교·상업·문화의 주요 도시가 되었다.

나르본에서 가장 화려한 건물은 13세기에서 14세기 사이에 지어진 고딕 양식의 대주교 궁전이었는데, 이 궁전은 아비뇽에 이어 프랑스에서 두 번째로 기념비적인 대주교 건물이었다.

나르본 대주교 궁전
바로 앞에 고대 로마시대의 욕탕이 있다

나르본 대성당

성곽도시 에그모르트

　대주교 궁전과 함께 있는 나르본 대성당(Saint Juste et Saint Pasteur)의 건설은 13세기 프랑스 왕국의 가장 야심찬 프로젝트 중 하나였다. 당시 나르본의 대주교 기 포쿠아(1190~1268)는 가장 아름답고 웅장한 대성당 건립을 추진하고 있었고, 프랑스 역사상 가장 기독교적이고 도덕적인 군주로 알려진 루이 9세가 힘을 보태기도 했다. 기 포쿠아를 정신적 멘토로 여기고 신뢰했던 루이 9세는 대성당의 건축을 돕기 위해 7차 십자군 원정을 떠나기 전 나르본에서 머무르는 것을 당연시했다고 한다 (1248년 7차 십자군 원정은 나르본 근처의 전략적 요충지인 에그모르트에서 출발했다). 이런 노력에도 불구하고 여러 가지 이유로 대성당은 끝내 완성되지는 못했다. 그러나 대성당 후진의 광대한 테라스, 상단을 연결하는 회랑, 아름다운 아치형 천장, 토대의 견고한 균형은 지금도 학술적 가치가 있는 건물로 평가받고 있다.

대성당 바로 옆길 건너 건물 벽에는 〈시인들의 영혼 *L'Âme des Poètes*〉란 제목의 노래 가사가 적혀 있다. "오랫동안, 오랫동안, 오랫동안 시인들이 사라진 후에도 그들의 노래는 아직도 거리를 맴돈다 … 그들의 홀가분한 영혼과 노래는 소녀와 소년, 부르주아, 예술가나 방랑자를 즐겁게도 하고 슬프게도 하네 …."

나르본 출신의 유명한 시인이자 싱어송라이터 샤를 트레네(Charles Trenet, 1913~2001)가 먼저 세상을 떠난 시인이자 화가인 친구 막스 자콥 *Max Jacob*에게 바친 노래다. 그의 샹송 〈스윙 음유

시인 *Swing troubadour*〉은 대표작 중 하나다. "스윙 음유시인, 너의 운명은 네 마음이 괴롭더라도 행복을 노래하는거야 …." 샤를 트레네는 자신이 '음유시인 *troubadour*'의 맥을 잇고 있다는 생각을 가진 듯하다.

나르본에서 12세기 음유시인의 서정시의 인기는 절정에 도달했다고 한다. 음유시인들의 서정시는 '궁정식 사랑 *amour courtois*'에서 영감을 받아 궁정의 귀부인을 고결한 존재로 표현했다. 그 당시 궁정에서는 육체적인 욕망의 정열적인 사랑이 아니라, 십자군 원정으로 떠난 자리를 지키는 귀부인과 기사 사이에서 인내심 있고 신중한 사랑, 즉 이상적이고 정신적인 숭고한 사랑을 추구했다. 이러한 사랑은 세속적인 라틴어에서 생겨난 언어로 '로망스'라 불렸으며, 로맨스 *romance*라는 말의 어원이 되었다. 오늘날 '로맨틱하다'는 말에서 알 수 있듯이 헌신적인 사랑, 낭만적인 사랑으로 그 의미가 그대로 이어진 것 같다.

당시 루이 7세의 왕비였던 아키텐의 알리에노르처럼 음유시인을 후원한 한 여인이 있었다. 그녀는 에르망가르드(Ermengarde, 1127~1197)이며, 나르본의 자작이었던 아버지로부터 작위를 물려받았다. 자작부인이 된 그녀는 나르본을 통치했고, 툴루즈나 몽펠리에의 시정관들에 대항할 정도로 대단한 정치적 역량을 지녔다. 문화적으로는 음유시인들을 옹호하고 궁정으로 초대하는 등 서정시가 궁정을 매혹시키는 데 큰 역할을 했다.

1190년경 프랑스의 성직자이자 작가인 앙드레 르샤플랭 *André Le Chapelain*은 프랑스 왕국의 가장 위대한 여인으로 알리에노르와 그의 딸 마리(샹파뉴의 백작부인), 그리고 에르망가르드를 꼽았다.

30 thirty

미디 운하와 랑그독 와인

나르본은 문화의 도시이자 상업의 도시였다. 지중해의 서쪽에 주요 항구를 갖고 있었던 나르본은 와인을 수출하며 성장해 왔다. 17세기 말에 나르본을 포함한 랑그독(지금의 옥시타니)의 와인은 '미디 운하 *Canal du Midi*'가 개통되면서 프랑스 북부와 유럽으로 더욱 활발히 수출되기 시작하면서 호황을 누리게 되었다.

미디 운하와 가론 운하

미디 운하와 추가된 로빈 운하

　미디 운하 건설을 기획하고 실행한 이는 베지에 출신의 공학자 피에르 폴 리케(Pierre-Paul Riquet, 1609~1680)였다. 1662년 프랑스 산업 육성에 온 힘을 기울이던 루이 14세 시대의 재무장관 콜베르는 이 운하의 중요성을 인식했고, 운하는 1667년에 시작하여 1694년에 완공되었다.

　총 360km의 미디 운하는 가론 강의 중류에 있는 툴루즈를 시작으로 동쪽의 내륙 도시 카르카손, 베지에 등을 지나 항구 도시 세트 *Sète*에서 지중해에 닿았다. 이로써 대서양과 지중해는 강과 운하와 호수로 연결되는 물길이 생겼다. 미디 운하는 랑그독의 산업 발전의 중요한 기반이 되었다.

　19세기에 보르도에서 세트까지 관통하는 기찻길이 생긴 후, 이 운하는 그동안 화려했던 역할을 끝내는 듯했다. 그러나 미디 운하는 처음부터 주변 경관과 잘 어울리게 토목 공사를 하여 그 이후에도 계속해서 예술작품으로도 평가받고, 유네스코 세계문화유산에도 등재되었다. 동력이 없던 그 시절 배를 끌기 위해 말을 사용했는데, 운하의 양쪽에 말의 길이 있었다. 이 길은 오늘날 산책길이 되었고, 그 옛날 뱃길이었던 운하는 요트가 다니는 유명 관광 코스가 되었다.

미디 운하에서 나르본을 지나 누벨 항구 *Port la Nouvelle*를 통해 지중해에 닿는 '로빈 운하 *Canal du Robine*'도 추가로 건설되었다. 로빈 운하를 가로지르며 마을과 도시를 연결하던 '상인들의 다리 *Pont des Marchands*'는 도미티아 도로의 통행에

로빈 운하와 '상인들의 다리', 가로수 뒤로 대성당과 대주교 궁전이 보인다

사용되었다. 유럽에서도 드물게 아치형으로 세워진 이 다리는 유네스코 세계문화유산에 등재되어 있다. 나르본은 이 다리와 운하 덕분에 '랑그독의 작은 피렌체'라는 별명을 갖게 되었다.

로빈 운하 옆에 건설업자 앙드레 가벨 *André Gabelle*과 건축가 레오폴 카를리에 *Léopold Carlier*가 지은 나르본 레알(Les Halles, 시장)이 있다. 건축가 빅토르 발타르(Victor Baltard, 1805~1874)가 파리 레알에 지은 건축 양식(발타르 양식, 강철과 유리로 된 건물)

나르본 레알(위) | 발타르 양식의 파리 레알(아래)

으로 만들어졌다. 1901년에 개장된 이 시장은 철거와 재건축을 반복해오다가 1993년부터 1994년에 걸친 전반적인 개조 공사로 프랑스에서 가장 아름답고 기능적인 시장 중 하나로 거듭났다. 2022년 6월 프랑스 TV 채널 TF1에서 방영한 〈경쟁〉 시즌 5에서 프랑스 최고의 시장으로 선정되기도 한 이 시장은 활기가 넘쳐나며 지중해의 분위기를 풍긴다.

──────

1850년부터 1870년 동안 나르본의 와인 산업은 포도밭의 개발과 철도 건설과 함께 더욱 성장했다. 나르본은 랑그독의 철도 요충지가 되었고, 그 위치를 최대한 활용하여 포도재배 지역의 중심 도시가 되었다.

그러나 1868년 '포도나무의 흑사병'인 '필록세라'로 인한 흉작으로 포도재배의 황금시절은 저물어 갔다. 수입 건조 포도로 만든 와인, 물을 섞은 와인, 약한 술과 독한 술을 섞어 만드는 와인 등 가짜 와인 제조가 널리 퍼졌다. 무엇보다도 1830년에 프랑스의 식민지가 되었던 알제리의 와인이 저렴한 가격으로 대거 유입되었다. 이에 더하여 프랑스 와인도 엄청나게 생산되어, 와인 가격은 폭락하고 품질도 저하되었다. 프랑스 와인 산업은 위기를 맞게 된다.

생산가에 비해 수익이 현저히 떨어지게 되자 마침내 랑그독의 포도재배자들은 '알제리 와인의 수입 제한'을 요구하며 반란을 일으키게 된다.

1907년 랑그독 루시용에서 대규모의 집회들이 있었는데, 5월 5일 나르본에서 제일 먼저 시작했고 약 10만 명이 동원되었다고 한다. 당시 나르본 시장 에르네스트 페롤은 남부 포도재배자들의 이러한 투쟁을 지지했으며, 4개 도(가르, 에로, 오드, 피레네-오리앙탈)의 포도재배보호위원회도 연합하여 선언문을 채택했다. 이는 정부를 불안하게 만들었고, 내무장관이었던 조르주 클레망소 *Georges Clemenceau*는 시위대를 진압하기 위해 군대를 동원해 발포를 명령하게 된다. 결국 여러 사망자와 부상자가 생겨났다. 이런 혼란 속에서 포도재배자들은 세무서, 도청과 군청을 공격하고 불을 지르기에 이르렀다.

랑그독 산업의 중심이었던 와인을 지키고 위기를 극복하기 위해 포도재배자들이 강력하게 정부에 투쟁했던 사건이었다.

# 31 thirty-one

라클라프 산의 샤토 페슈 르동

나르본과 지중해 사이에는 유명한 와인 산지인 라클라프 *La Clape* 산이 있다. 라클라프는 옥시탄어로 '많은 돌'을 의미한다. 600여 년 전 가파른 숲이 우거진 섬이었던 라클라프 산에 지금은 약 30개의 나르본 포도원이 있다.

그중에서 라클라프 산의 중심 부근에 있는 포도원이 샤토 페슈 르동 *Château Pech Redon*이다. 로마인들이 이곳에 처음 포도나무를 심고 빌라를 지었다고 한다.

1988년 크리스토프 부스케 *Christophe Bousquet*는 이 빌라가 있었던 곳에 정착하여 샤토 페슈 르동 포도원을 만들고 처음으로 유기농업을 시작했다. 그는 "유기농업은 주변 땅과 함께 살아가는 것입니다. 토양에는 활력을 주고, 와인은 균형과 힘을 얻는 방법입니다. 테루아가 와인을 결정합니다."고 했다.

돌산에 자라는 백리향·로즈마리·포낭·스크럽랜드와 같은 식물을 존중하는 그의 단호하고 앞선 선택은 포도나무에 다른 매력을 부여하여 이곳을 나르본 지역에서 품질이 뛰어난 와인 생산지로 만들었다. 석회암, 붉은 흙, 사암 등의 다양한 토양과 지중해성 기후로 인해, 샤토 페슈 르동 와인은 과일향이 침엽수 향과 결합하여 독특한 미네랄 느낌을 주는 것이 특징이다.

부르블랑·클레레트·그르나슈 블랑으로 만든 '레페르비에 (L'Epervier, 새매, 새의 한 종류임) 화이트 와인'은 이곳 특유의 과일 향과 꽃 향을 지니며, 미네랄과 요오드 맛이 은은하게 느껴진다. 섬세함, 부드러움, 신선함이 어우러진 매력적인 와인이다. 생선·조개류와 잘 어울린다.

그르나슈·시라·카리냥·무르베드르·생소로 만든 '레페르비에 레드 와인'은 검은 과일 향, 떨기나무 향, 후추 향과 함께 풍부한 타닌과 단단한 질감을 가진다.

페슈 르동 와인

32 thirty-two

아름다운 도시 베지에 이야기

그리스인은 기원전 600년에 마르세유를 건설했고, 기원전 575년에 베지에를 건설했다. 베지에는 오르브 *Orb* 강이 내려다보이는 절벽 위에 처음 자리 잡았고, 오르브 강 주변으로 점차 확장되었다. 지중해 연안에서 약 10km 떨어진 이 도시는 프랑스에서 가장 오래된 도시 중 하나이며, 끝없이 펼쳐진 포도원으로 둘러싸인 아름다운 도시다.

고대 로마시대에 베지에는 나르본처럼 이탈리아에서 프로방스를 지나 스페인에 연결되는 도미티아 도로에 있었다. 로마인들은 기원전 36년에서 35년 사이에 퇴역 군인을 위한 새로운 식민지로서 도시를 재정비하고, 이 도시를 '바에테라에 *Baeterrae*(지금의 베지에)'라고 불렀다.

절벽 위의 대성당에서 내려다본 베지에 ▶

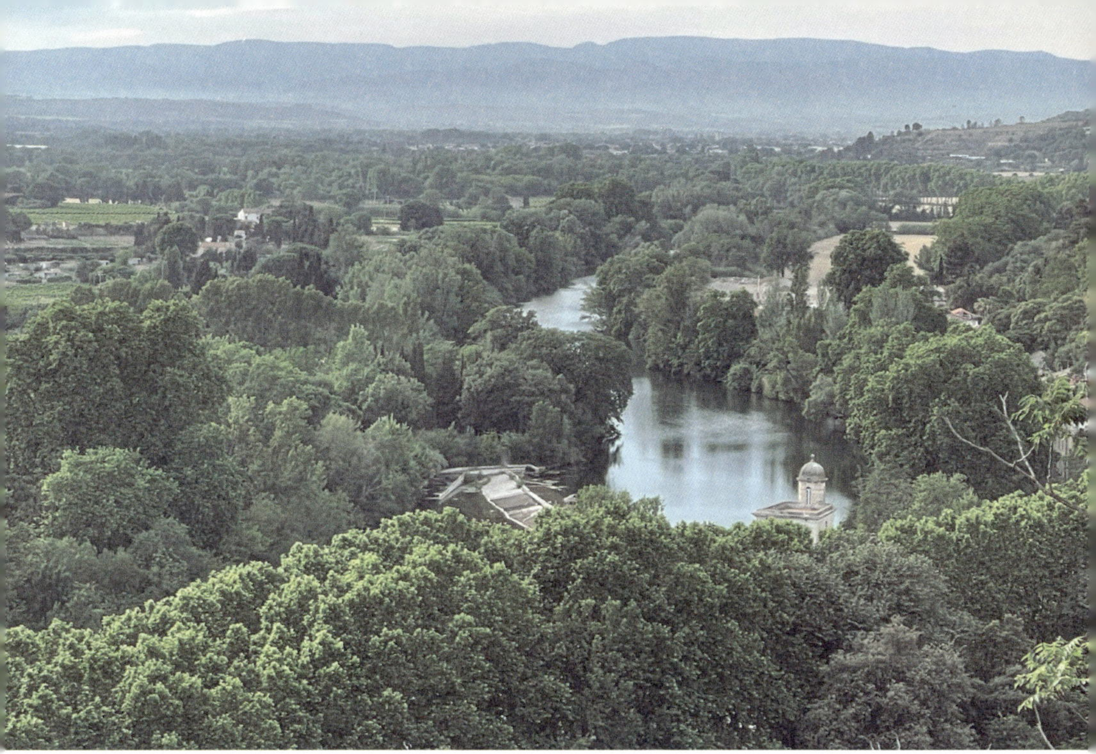

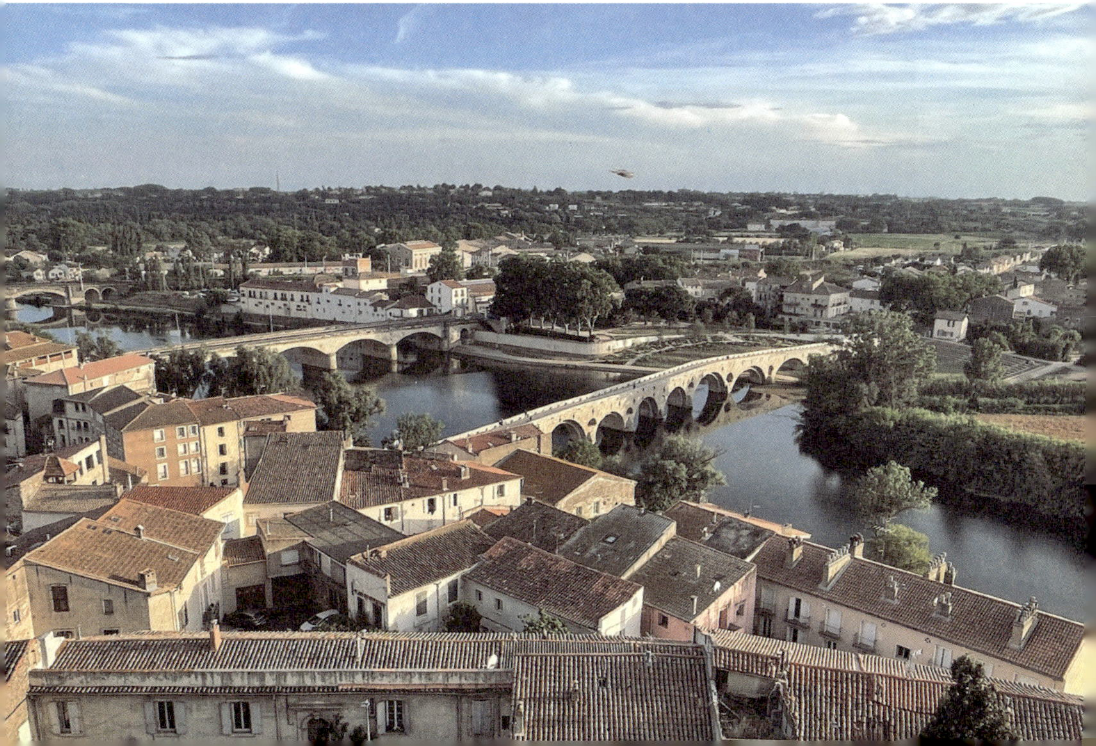

생 나제르 대성당 | 베지에 시청 | 마들렌 교회

베지에의 역사에는 1209년 '대학살'이라는 아주 끔찍한 사건이 있었다. 당시 가톨릭 신자였던 베지에 지역 주민들은 이슬람교도인 카타르 *Cathars* 사제와 신자들과 우호적인 관계였다. 십자군 원정 당시 베지에에 도착한 십자군은 사이좋게 지내는 이들의 관계가 이슬람교를 인정한다고 의심하여 종교

에 구분 없이 이들 전체를 이단으로 몰아 수천 명의 목숨을 잃게 했다. 심지어 교회에서 기도하는 가톨릭 신자까지도. 도시는 무자비하게 약탈되고 불태워졌다. 당시 생 나제르 대성당 *Cathédrale Saint Nazaire*도 파괴되었다. 지금의 생 나제르 대성당은 13세기에서 15세기에 재건된 것이다.

빅투아르 광장

　　베지에에는 아름다운 역사적인 건물과 세련된 현대 건물이 많다. 그중에서 건물 벽에 그려진 '트롱프뢰유 *trompe-l'œil*' 벽화가 재미있다. '눈속임'이라는 뜻의 트롱프뢰유는 흔히 건물 외부와 내부에 그려진, 실물로 착각할 만큼 생생하게 묘사된 그림이다. 베지에 빅투아르 광장 주변 건물의 창문 밖을 내려다보는 사람들과 페인트를 칠하는 사람들, 엑상프로방스와 아를의 골목길에 있는 어느 집의 창문, 로마의 트레비 분수가 있는 건물의 하나의 창문, 알바의 여러 성당 내부의 가짜 대리석 기둥이 이에 해당된다.

베지에(창문 사람 모두)

이탈리아 알바(대리석)

아를(덧문과 창문)

퐁 비외(오래된 다리)

베지에에는 미디 운하와 연결된 오르브 강이 있다. 이 강을 지나는 많은 다리 중 '퐁 비외(Pont Vieux, '오래된 다리'라는 뜻)'는 12세기에 로마네스크 양식으로 만들어졌다. 오랫동안 마르세유에서 툴루즈로 가는 길과 도미티아 도로와의 유일한 교차점이었다. 샤를 7세와 루이 13세는 이 다리를 "아주 오래되고 호화롭고 훌륭한 건축물"이라고 했다. 1963년 프랑스 역사적 기

오르브 운하 다리

다리 위를 지나는 운하 모습. 옛날 배를 끌던 말들의 길이 지금은 멋진 산책로가 되었다

념물로 지정되었다.

엔지니어 위르뱅 마게스(Urbain Maguès, 1807~1876)가 감독하고 건설한, 미디 운하의 연장선에 있는 '오르브 운하 다리 *Pont-Canal de l'Orb*' 또한 아름답기로 유명하다. '베지에 운하 다리'라고 불리기도 한다. 이 다리는 오르브 강 위를 지나가는 운하로 그 모습이 독특하고 아주 매력적이다.

베지에 지역의 포도나무 재배의 역사는 무려 2500년이나 된다. 베지에의 포도재배는 베지에를 식민지로 삼았던 로마인에 의해 발전되기 시작했다. 당시 로마에서 바에테라에(지금의 베지에) 화이트 와인이 인기를 끌었다고 한다. 이후 랑그독 지역 전체가 미디 운하를 통해 와인을 수출하며 발전해 나갔고, 1857년 베지에 기차역의 건설로 대량 운송이 가능해지자 베지에의 포도원과 와인 산업도 새로운 호황을 누리게 된다.

당시 '피나르디에 *Pinardier*'라고 불리는 멋진 포도재배 샤토를 갖춘 대규모의 포도원이 평원에 많이 생겨났다. '피나르디에'는 본래 대중적인 레드 와인을 판매하는 도매상을 뜻한다. 사람들은 샤토 피나르디에를 '아라모니 궁전 *palais d'Aramonie*'이라 불렀다. 생산량은 매우 풍부하지만 맛이 밋밋한 포도품종 아라몽 *aramon*을 빗대어 부른 것이다. 샤토 피나르디에에서 저품질의 레드 와인을 엄청나게 생산하고 있었기 때문이다.

하지만 품질을 떠나 엄청난 와인 생산량으로 베지에는 '세계 와인의 수도'라는 자부심을 갖게 된다. 이 시기에 '세균학의 아버지'라고 불리는 생화학자 루이 파스퇴르(Louis Pasteur,

1822~1895)가 **"와인은 적당히 마시면 가장 건강하고 가장 위생적인 음료"**라고 했다. 그의 이런 평가와 함께 와인 소비는 더욱 급속히 늘어났고, 엄청난 생산량을 기차로 빠르게 대량 운송이 가능했던 베지에는 그 이점을 확실히 누렸다.

그러나 1868년 필록세라 이후 프랑스에서 가짜 와인이 널리 퍼지고 가격과 품질이 급락했을 때, 베지에와 그 주변 지역의 포도 재배 또한 어려운 상황에 처했다. 나르본 집회 1주일 후 베지에에서도 집회가 열렸다. 이때 15만 명 이상의 랑그독의 포도재배자들이 몰려들었다. 그들은 "승리 아니면 죽음을! 사기꾼에게 죽음을!" 등의 슬로건을 내세웠다. 약 200개가 넘는 지방자치단체에서 온 시위대에 베지에 지역의 일꾼과 상인들이 합류했다.

이들 모두는 정부에 대해 와인 가격 인상을 요구하거나 세금에 대한 파업을 지지했다. 베지에 시장 에밀 쉬숑도 투쟁 중인 포도재배자들의 입장을 옹호했다. 시위가 잇달아 일어나며 점점 거세지자 그해 6월 마침내 정부는 강경책을 거두고 그들의 요구사항을 수용하게 된다. 와인의 발효 전 포도즙에 설탕 첨가 금지, 가짜 와인 재료 판매 금지 등의 법안이 통과되면서 랑그독 포도재배자들의 반란은 종결된다.

33 thirty-three

베지에의 도멘 드 바셀르리

도멘 드 바셀르리

베지에의 동쪽 약 6km 지점에 있는 도멘 드 바셸르리 *Domaine de Bachellery*는 고대 로마시대의 도미티아 도로를 따라 펼쳐져 있다. 중세부터 존속해 온 매우 오래된 포도원이다. 1548년 베지에 법원장 자크 드 바셸리에는 자신의 가족과 함께 15세기의 아름다운 시골 별장에 정착해 이 포도원에 자신의 이름을 붙였다. 그 후 도멘 드 바셸르리는 카상 *Cassan* 수도원의 소유지가 되었다.

프랑스 대혁명 이후 지역의 부유한 가문들이 번갈아 이 포도원을 인수했으나, 1980년대 초 포도재배자 베르나르 쥘리앵 *Bernard Julien*이 인수하여 직접 포도재배를 시작했다.

바셸르리 와인의 명성은 수세기에 걸쳐 서서히 형성되었다. 프로방스 시인 프레데릭 미스트랄은 베지에에 머무를 때 이 도멘(포도원)에 자주 들렀다고 한다. 그는 바셸르리 와인을 "아름답고 활기찬 청년"으로 묘사하기도 하고, 찬양하는 시도 썼다.

"바셸르리는 내 마음의 고향 … 나를 맛보면 배신도 걱정도 분노도 사라지네. 즐겁게 건배를 …."

포도원

바셸르리 포도원은 해발 100m의 석회암 언덕에 있다. 토양은 석회질 점토와 사암이며, 남서쪽 언덕은 햇빛을 많이 받는다. 지중해성 기후와 바닷바람은 고품질 포도재배에 이상적인 조건을 만든다.

베르나르 쥘리앵은 약 40년 동안 20여 가지의 다양한 포도 품종을 재배하고 실험하여 프랑스 농업부로부터 예외적인 인정을 받았다. 이후 도멘 드 바셸르리는 프랑스에서 특별한 포도원이 되었다.

'바셸르리 와인'은 아로마의 신선함을 보존하기 위해 세심한 주의를 기울여 만들어진다. 특히 샤르도네로 만든 화이트 와인은 복숭아와 바나나의 향과 함께 신선함, 균형 있는 산도를 지닌다. 생선·흰 살코기와 잘 어울린다.

　그르나슈·카리냥·시라·생소·무르베드르로 만들어지는 레드 와인은 풍부하고 풀바디한 맛, 다양한 과일 향, 부드러운 타닌과 질감을 지닌다. 치즈, 고기 요리와 잘 어울린다.

바셀르리 와인

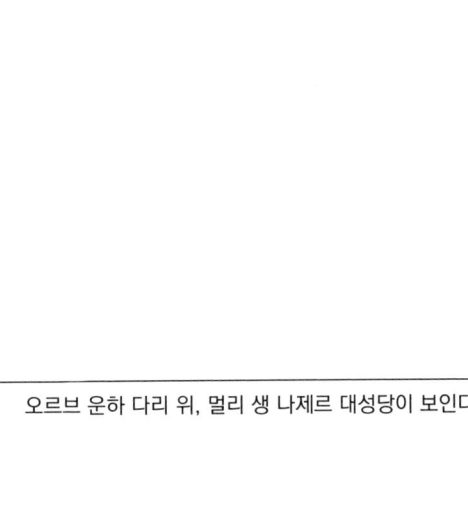

오르브 운하 다리 위, 멀리 생 나제르 대성당이 보인다

나르본의 로빈 운하

BIBLIOGRAPHY
참고 문헌

김화영, 『행복의 충격 : 지중해, 내 푸른 영혼』, 책세상, 1989.

드니 올리에, 『반건축 : 조르주 바타유의 사상과 글쓰기』, 배영달·강혁 옮김, 열화당, 2022.

로베르 솔레, 『나폴레옹의 학자들』, 이상빈 옮김, 아테네 출판사, 2003.

마르시아 드상티스, 『프랑스와 사랑에 빠지는 인문학 기행』, 노지양 옮김, 홍익출판사, 2016.

브누아 시마, 『만화로 배우는 와인의 역사』, 이정은 옮김, 한빛비즈, 2019.

샤를 보들레르, 『악의 꽃』, 윤영애 옮김, 문학과 지성사, 2003.

앙드레 모루아, 『프랑스사』, 신용석 옮김, 홍성사, 1980.

윤선자, 『이야기 프랑스사』, 청아출판사, 2020.

정광흠 외, 『프로방스 문화 예술 산책』, 성균관대학교출판부, 2001.

티에리 타옹, 『와인의 철학』, 김병욱 옮김, 개마고원, 2007.

피에르 상소, 『느리게 산다는 것의 의미』, 김주경 옮김, 동문선, 2000.

피터 메일, 『하피! 미스트랄』, 강주헌 옮김, 효형출판, 2022.

Antoine Lebègue, Philippe Roy, *Saint-Émilion*, Edition Sud Ouest, 2019.

Charles Baudelaire, *Les Fleurs du Mal*, Librairie José Corti, 1968.

Charles Baudelaire, *Petits Poëmes en prose*, Librairie José Corti, 1969.

Claire Desbois-Thibault, *L'extraordinaire aventure du Champagne: Moët et Chandon*, PUF, 2003.

Cristel de Lassus, *Joséphine d'Yquem : A l'origine d'un vin de légende*, Flammarion, 2023.

Elin McCoy, *The Emperor of Wine : The rise of Robert M. Parker, Jr and the Reign of America Taste*. Harper Collins Publishers. 이병렬 옮김(2006). 『와인 평론가 로버트 파커』. Barom Works.

Eric Birlouez, *Histoire du vin en France*, Edition Ouest-France, 2020.

Fabrice Delaître, *La Bataille de Reims 13 mars 1814*, Historic'One Editions, 2018.

Jacky Granier, Marc Guitteny, Marcel Bonnet, *Provence*, 2012.

Jean-François Bazin, Marie-Claude Pascal, *Dijon*, Editions Ouest-France, 2006.

Jean Grenier, *Inspirations méditerranéennes*, Gallimard, 1941.

Jean Serroy, *Le vin des peintres*, Editions de la Martinière, 2016.

Michel Valade & Florent Humbert, *Comment met-on les bulles dans le champagne?* Editions France Agricole, 2020.

Monique Brut Moncassin, *Montesquieu en ses vignobles*, Au fil des pages, 2010.

Peter Mayle, *A year in Provence*, Escargot Ltd, 1989.

Robert M. Parker, Jr(2005), *The World's Greatest Wine Estates by Robert M. Parker*, Jr. Simon & Schuster, Inc. 오상용 옮김(2008). 『로버트 파커의 The Greatest Wine』 Barom Works.

Roger Dion, *Histoire de la vigne et du vin en France des origines au XIX siècle*, Editions CNRS, 2010.

Serge Legrand / Jean-Noël Mouret, *La Gironde : itinéraires de découvertes*, Editions Ouest-France, 2001.

Sixtine Dubly, *Veuve Clicquot*, Assouline, 2017.

Aquitaine, Michelin, 2006.

Aÿ, petite cité de Caractère de Champagne, 2023.

Bandol, Domaine de Terrebrune, 2023.

Bordeaux, GEO, N°68 octobre 1984.

Bourgogne, textes rédigés avec la collaboration de Julie Roux, MSM. 2021.

Bourgogne, GEO, N°175 septembre 1993.

Champagne Ardenne, Michelin Editions, 2023.

Château de La Brède, Domaine de Montesquieu, 2023.

Château La Coste, Beaux Arts Editions, 2022.

Château La Coste Provence, Vin Art Architecture, 2023.

Cité des Climats & Vins de Bourgogne Chablis·Beaune·Macon, 2023.

Cité du Vin, le festin Hors-série, 2023.

Couleurs Provence, Aix-Pays d'Aix, Office de Tourisme, 2013.

Dijon Métropole, Office de Tourisme, 2023.

Explorez l'univers des vins de Bourgogne, Nouveau à Chablis, 2023.

Hautvillers Berceau du Champagne, 2023.

Hotêl-Dieu Hospices de Beaune, Beaux Arts Editions, 2012.

Le Guide Hachette des Vins 2007, Hachette.

Luberon Cœur de Provence, 2023.

Ménerbes, village d'histoire et héritage, Création La Vache Noire Sud, 2023.

Narbonne, ville d'art et d'histoire Grand Site d'Occitanie, Côte du Midi, 2023.

Narbonne Tourisme Plan Monumental, 2023.

Provence, Hachette, 2003.

Provence, Michelin, 1993.

Saint-Émilion, Saint-Émilion Tourisme, 2022.

Vézelay, Musée Zervos Maison Romain Rolland, 2023.

Visitez Vézelay, 2023.

https://www.lelongweekend.com

Ultimate Guide to the Provence Wine Region of France

https://www.larvf.com

La revue du vin de France/Domaines viticoles/

Domaine de Terrebrune

https://www.domaines-ott.com
Domaines Ott-Wine-Château Romassan-Rosé

https://www.domainedupaternel.com
Domaine du paternel : Vignoble à Cassis-AOC depuis 1936

https://www.fr.m.wikipedia.org〉wiki Bellet(A-OC)-Wikipedia

https://www.avis-vin, lefigaro.fr〉Provence Bellet ou vin-de-Bellet

https://www.en.m.wikipedia.org〉wiki Nice-Wikipedia

https://www.namu.wiki〉론(프랑스)

https://www.en.m.wikipedia.org〉wiki Côtes du Rhône AOC-Wikipedia

https://www.en.m.wikipedia.org〉wiki Gigondas AOC-Wikipedia

https://www.saintcosme.com Château de Saint-Cosme〉Gigondas

https://www.vins-rhone.com
Crus des Côtes du Rhône : Côte-Rotie

https://www.cote-rotie.com〉vin-aoc

En savoir plus…-Côte-Rotie : Appellation des Côtes du Rhône

https://www.guigal.com Vins Guigal :

Vins Côtes du Rhône, Ampuis, Côte-Rôtie, Condrieu…

https://www.chapoutier.com

https://www.vin-condrieu.fr〉vin-aoc Condrieu, l'Or à l'état pur

https://www.vins-niero.com vineyard of Condrieu-Vin Niero

https://www.chateau-grillet.com

https://fr.m.wikipedia.org〉wiki Terrasses-de-Béziers

https://www.beziers-mediterranee
Le Vignoble bitterois-Béziers Méditerranée

https://www.en.m.wikipedia.org〉wiki Béziers

https://www.vignobles-occitanie.fr〉
Château Pech Redon-Vignerons de La Clape

https://www.bachellery.com Domaine de Bachellery

https://www.fr.wikipedia.org〉wiki Narbonne

https://fr.m.wikipedia.org〉wiki
Place de la Bourse(Bordeaux)-Wikipédia

https://fr.m.wikipedia.org〉wiki Mascarons de Bordeaux-Wikipédia https://fr.m.wikipedia.org〉wiki

Cathédrale Saint-André de Bordeaux-Wikipédia

https://fr.m.wikipedia.org〉wiki Porte Cailhau-Wikipédia

https://fr.m.wikipedia.org〉wiki

Grand Théâtre de Bordeaux-Wikipédia

https://vieux-bordeaux.fr〉 Le château ou fort du Hâ, découvrez son histoire, du Palais à la Prison

https://www.archdaily.com Cité du Vin/XTU Architects

https://c17thlondontokens.com Pontack/Mr. Pepys' Small Change

https://www.chateau-margaux.com Château Margaux

https://www.chateau chasse-spleen.com

Château Chasse-Spleen

https://www.lafite.com Château Lafite Rothschild

https://www.chateau-latour.com

Château Latour/Premier Grand Cru Classé à Pauillac, Médoc

https://www.chateau-mouton-rothschild

Château Mouton Rothschild

https://www.en.m.wikipedia.org〉wiki

Philippe de Rothschild-Wikipedia

https://www.winespectator.com Baron Philippe de Rothschild & Family/Leaders of Wine-Wine Spectator

https://www.thewinecellarinsider.com

Chateau Pichon(Longueville) Comtesse de Lalande Pauillac, Complète Guide.

https://www.pichonbaron.com

Second Grand Cru Classé in 1855-Bordeaux

https://www.estournel.com

Cos d'Estournel, Grand Cru Classé de Saint-Estèphe

https://www.lynchbages.com Château Lynch-Bages

https://www.riunet.upv.es〉bitstream

L'alimentation et le vin dans la vie et l'œuvre

de Toulouse-Lautrec

https://www.en.m.wikipedia.org〉wiki Saint-Emilion-Wikipedia

https://www.chateau-ausone.fr Château Ausone

https://www.thewinecellarinsider.com

Chateau Ausone Saint-Emilion Bordeaux, Complète Guide

https://www.chateau-cheval-blanc.com Château Cheval Blanc

https://www.thewinecellarinsider.com

Château Figeac St. Emilion Bordeaux, Complète Guide

https://www.chateau-figeac.com The Place-Château Figeac

https://www.thewinecellarinsider.com

Petrus Pomerol Bordeaux Wine, Complète Guide

https://fr.m.wikipedia.org〉wiki Abbaye de Cîteaux

https://www.francethisway.com Pontigny

https://www.en.wikipedia.org〉wiki Chablis Wine-Wikipedia

https://www.closdevougeot.fr Château du Clos de Vougeot

https://www.en.m.wikipedia.org〉wiki Romanée-Conti Wikipedia

https://www.beaune.fr〉les-halles Les Halles

https://www.en.m.wikipedia.org〉wiki Vézelay

https://www.citeclimatsvins-bourgogne.com

Cité des Climats et Vins de Bourgogne

https://www.vins-bourgogne.fr〉Pouilly-Fuissé

https://www.lepoint,fr〉Société

Le Village de Chardonnay veut sortir de l'ombre de son illustre cépage

https://www.champagne-patrimoine

Une maison vigneronne remarquable/Unesco

https://www.œnotourisme.com

La Fête Henri IV Aÿ-Champagne, entre festivités et animations

https://www.champagne-bollinger.com Champagne Bollinger

https://www.phare-verzenay.com The Lighthouse

https://www.champagne.fr

Reims and its region/Le site officiel du Champagne

https://www.en.m.wikipedia.org〉wiki Veuve Clicquot-Wikipedia

https://www.en.m.wikipedia.org〉wiki Moët & Chandon

https://www.en.m.wikipedia.org〉wiki Jean-Rémy Moët

와인 인문학

-France- 1

초판 1쇄 발행 2024년 7월

지은이 배영달
펴낸이 박한솔
펴낸곳 lightit [라이릿]
주소 서울특별시 강남구 언주로147길 42, 2층 2124호
문의 (02) 517. 1621
이메일 lightit.edit@gmail.com
디자인 박한솔
사진 김인숙

ⓒ배영달, 2024

ISBN 979-11-976478-0-2(04880)
ISBN 979-11-976478-1-9 (세트)

이 책 내용의 전부 또는 일부를 재사용하려면 반드시
저작권자와 라이릿 양측의 서면 동의를 받아야 합니다.

책값은 뒤표지에 표시되어 있습니다.